少年事件處理法

修訂第3版

林俊寬／著

五南圖書出版公司 印行

三版序

　　我國於民國86年通過施行新版之少年事件處理法，將以往少年事件處理法「以刑罰為主，教育為輔」之舊有觀念，修正為「以保護代替監禁，以教養代替處罰」之新觀念，斯時本人適逢於台灣高雄地方法院之少年法庭擔任法官，可謂恭逢其會，因而對於少年事件之處理相關法律有初淺之認知，其後雖轉調至民事庭而未能持續在少年法庭從事少年事件之審理業務，惟對於少年事件處理法則一直保有興趣，並時時關注。

　　其後少年事件處理法又於民國97年10月間有大幅之修正，本人乃於民國98年3月間經由五南圖書出版股份有限公司之邀約撰寫「少年事件處理法」一書並付梓出版。此後因少年事件處理法之內容再有部分之修正，故而於民國102年10月本書配合法律之修正再次出版修訂2版。

　　民國105年本人擔任法官滿25年符合自願退休之資格，乃毅然辦理自願退休，轉換跑道成立「林氏法律事務所」擔任主持律師，雖然於執業律師之過程中較少遇到有關少年事件之案件，然而本人仍保持對於少年事件之興趣並時刻關注有關少年事件處理法之動向。

　　適逢民國108年因應關於少年有觸犯刑罰法律之虞事由之規定未盡明確，並配合兒童權利公約施行法之施行，故而修正少年事件處理法之內容，其中引進許多新觀念及規定。其後復經五南圖書出版股份有限公司告

知先前2版之書已無庫存，且少年事件處理法亦有相當之修正，希本人再次撰寫本書修訂3版，本人欣然同意並著手開始撰寫之工作，惟其間因律師業務無法專心撰寫，致使完成時日有所延誤，所幸最終能不辱使命完成撰寫，致有本書之出版。最後因本人學養視野有限，本書之內容難免有所疏漏不足，尚祈社會各界先進不吝加以指正，是所幸也。

林俊寬

2021年11月於高雄

目錄

PART *1*

緒　論

本編分別就少年事件處理法之意義、少年事件處理法在我國法律體系中之地位亦即其性質、少年事件處理法之立法沿革、少年事件處理法之法律效力及少年事件處理法與其相關之法律之間適用上之關係，加以論述。

第一章　少年事件處理法之意義

　　由於少年之心智發展一般而言尚未如成年人般成熟，從而其從事犯罪之行為，在其犯罪之本質上、犯罪之成因及犯罪之特性，亦均與一般成年人從事犯罪行為之情形有所不同，因而導致少年犯罪之事件與一般成年人犯罪之刑事案件在性質上亦有所差異[1]。因此現今世界各先進國家對於少年犯罪事件之處理，均與成年人犯罪之一般刑事案件採取不同之立法政策，且不將少年之犯罪行為稱之為犯罪，而另稱之為少年之「非行」行為，並制定專門之法律加以規範，甚而成立專責之處理機構負責處理[2]，並由在少年犯罪行為方面具有專門研究之人員，運用其專業知識，對於少年實施特別之處遇，以輔導及教育之方式，為少年創造正常之成長環境，而非僅一味地對少年加以懲罰，以達到塑造少年良好人格之目的，並避免少年於將來成年之後繼續從事犯罪之行為，造成社會治安之不良影響。

　　在我國之刑事司法體系中，屬於上開所稱之專門法律規範，即為所謂之少年法制或稱為少年司法，即一般所稱之少年事件處理法。惟就法律規範之實質內容而言，所謂之少年事件處理法又可區分為最廣義、廣義及狹

1　有關少年犯罪之本質及特性，請參見蔡德輝、楊士隆合著，少年犯罪理論與實務，五南圖書出版，2003年9月，頁29至126。

2　世界最早成立少年專業法院者為美國，美國伊利諾州（Illinois）之庫克郡（Cook County）（即芝加哥市之所在地）於西元1899年成立全世界第一座少年法院，開啟少年法制之先河，引領美國其他各州加以跟進，惟諷刺的是，該郡在100年後之1999年決議廢除少年法院，因其認為少年法院演變至今，已成為另一個專為少年成立之刑事法院，其原來設計用以保護少年之目的已無法達成，故無必要繼續存在。

義三種類別，以下即分別論之：

一、最廣義之少年事件處理法

　　最廣義之少年事件處理法包括任何與少年之教育、少年之福利與權益及對於少年相關不法行為之處遇有關之所有法律規範而言[3]。有關少年教育方面，例如國民教育法[4]、高級中學法及大學法等均屬之；另有關少年之福利與權益方面則有兒童及少年福利與權益保障法[5]等；至於有關少年不法行為之處遇方面，則包括少年事件處理法、少年輔育院條例、監獄行刑法、刑法或刑事訴訟法相關法律條文中有關少年得以適用之規定等。易言之，只要法律規範之內容涉及少年之部分，均屬於最廣義之少年事件處理法之範圍。

二、廣義之少年事件處理法

　　至於廣義之少年事件處理法則僅指對於少年不法行為之處遇相關之法律規範而言，例如少年事件處理法、少年輔育院條例、少年矯正學校設置及教育實施通則、少年觀護所設置及實施通則，及監獄行刑法有關少年受刑人適用之規定[6]，以及刑法、刑事訴訟法有關少年事件加以適用或準用之相關規定等等。

3　參見丁道源著，最新少年事件處理法釋論，中央警察大學出版，2000年1月1日，頁2至3。

4　國民教育法第2條規定：「凡六歲至十五歲之國民，應受國民教育；已逾齡未受國民教育之國民，應受國民補習教育。六歲至十五歲國民之強迫入學，另以法律定之。」此規定即與少年之受教權有相當重大之關係。

5　兒童及少年福利與權益保障法係於民國100年11月11日由立法院三讀通過，其為原來之兒童及少年福利法改制而來，主要加強社會對於兒童及少年建構一安全之教育環境，其中對於兒童及少年出養之規定堪為民法收養制度之一大變革，應特別注意。

6　例如監獄行刑法第4條即規定：「未滿十八歲之少年受刑人，應收容於少年矯正學校，並按其性別分別收容。收容中滿十八歲而殘餘刑期未滿三個月者，得繼續收容於少年矯正學校。滿十八歲之少年受刑人，得依其教育需要，收容於少年矯正學校至滿二十三歲為止。前三項受刑人滿二十三歲而未完成該級教育階段者，得由少年矯正學校報請監督機關同意，收容至完成該級教育階段為止。本法所稱少年受刑人，指犯罪行為時未滿十八歲之受刑人。第一項至第四項所定少年受刑人矯正教育之實施，其他法律另有規定者，從其規定。」

三、狹義之少年事件處理法

　　狹義之少年事件處理法係專指經立法院三讀通過，總統公布施行，名稱訂為「少年事件處理法」之法律而言。本文以下所稱之少年事件處理法均係指此一狹義意義之少年事件處理法，亦即「少年事件處理法」此一部法律，並以此部法律為本文探討之主要對象。

第二章　少年事件處理法之性質

　　少年事件處理法係屬於少年司法最為基本之法律規範，其在我國整體之法律體系中所處之地位究竟為何，此即係關於少年事件處理法性質之問題，以下即分別加以論述之：

一、少年事件處理法係公法

　　一般而言法律可大致分為公法及私法二大類，劃分公法及私法界限之標準有各種不同之說法，然一般而言，凡規範有關公共權力關係、國家關係、統治關係內容之法律者為公法，而規範有關私人之間平等關係、社會關係、非統治關係內容者則為私法[7]。

　　少年事件處理法所規定之內容，係關於國家基於統治者之角色，以公權力對於少年及兒童之不法行為加以處理之法律規定，依上開說明，自然屬於公法之性質無疑。

二、少年事件處理法係國內法

　　法律又可分為國內法及國際法，國內法係指由一國所制定，並施行於該國國境內之法律規範，國際法則係國際間承認為一定準則，並在各國之間有效施行之法律規範。

　　少年事件處理法僅係處理我國境內少年及兒童不法行為事件之法律規範，其條文規定均不具備有涉外之法律關係，自然應屬於國內法之性質無疑。

7　參見鄭玉波著，法學緒論，三民書局出版，2003年2月，頁39。

三、少年事件處理法係實體法兼程序法兼組織法

　　法律依據其所規定之內容觀之，亦可分為實體法、程序法、組織法三大類，其中實體法係指關於規定法律主體間之權利、義務關係實體事項之法律規範；程序法則係指關於規定如何實現實體法律關係之程序相關規定之法律規範；而組織法則係指關於規定機關、學校或其他機構之組成架構之法律規範。

　　由少年事件處理法規定之內容觀之，其有屬於實體規定之部分者，有屬於程序規定之部分者，亦有關於組織架構之相關規定，因而少年事件處理法可說係兼具實體法、程序法及組織法性質之法律。

四、少年事件處理法係特別法

　　法律依其適用之範圍界定，亦可分為普通法（或稱一般法）及特別法，所謂之普通法係指普遍適用於一般之人、事物、時間、地域之法律，而特別法係指僅適用於特定之人、特定之事物、特定之時間，或特定之地域內之法律而言。

　　少年事件處理法之適用範圍僅及於少年及特定之不法事件，因而係屬於處理特定人、事之法律規範，自應屬於特別法無疑，更進一步言，其應屬於刑法、刑事訴訟法、法院組織法等相關法律之特別法。

五、少年事件處理法係強行法

　　法律依其適用程度係絕對適用或相對適用可分為強行法及任意法，強行法係指不問當事人之意思，亦不得以當事人之約定加以變更，而須一律適用之法律規範，而任意法則係指法律之適用與否，可由當事人意思加以決定，如當事人另有約定則從其約定，並非必然須一體適用之法律規範[8]。

8　同上註，頁44。

少年事件處理法之相關規定均屬於必須強制適用者，不得依當事人之意思而加以排除，亦不得依當事人之約定加以變更，故其應係屬於強行法之性質自明。

六、少年事件處理法係成文法

法律依其成立之過程，可分為成文法及不成文法，成文法（又稱制定法）係指法律之規定，由有立法權限之機關，依一定之程序制成文書，並公布施行之法律規範而言，不成文法則係指非經立法機關依法定程序制成，亦未經公布施行之法律規範而言，例如判例、法理及習慣等。

少年事件處理法係行之以文字，經立法院三讀通過，並經由總統公布施行之法律，而非屬於一般經由法院之判例、判決等非正式立法程序形成立之法律規範不同，自然係屬於成文法。

第三章　少年事件處理法之立法沿革

　　我國之少年事件處理法於民國86年修正通過並公布施行所謂新版之少年事件處理法，此一少年事件處理法之新制與少年事件處理法舊制之間有相當大之差異。舊版之少年事件處理法仍係基於「以刑罰為主，以教育為輔」之舊觀念之下所制定，其與一般成年人適用之刑法在本質上並無太大之差異，因而有論者稱之為「迷你刑法」[9]；而新版少年事件處理法則認為所有之少年均具有善良之本質，即使係從事非法行為之少年亦具有可教性及發展性，因而對於非行之少年應針對其個別之成長環境及背景來探討其從事犯罪行為之原因，再施以個別性之處遇方式，即採用所謂「以保護代替監禁，以教養代替處罰」之觀念。以下僅分別針對所謂舊版及新版少年事件處理法二階段，就其立法之沿革加以介紹。

一、舊制之少年事件處理法

　　我國最早之少年事件處理法草案係於民國46年7月31日完成，然遲至51年1月31日始經總統公布，惟因各方意見紛歧，且關於處分執行之機關相關法規，均尚未制定完成，因而欠缺專業人員足以執行該法，以至於該法一直未能正式施行。直至56年8月1日少年事件處理法復再次修正公布，惟因該修正後之條文仍未能獲得社會一致之支持，以至於尚未施行即在60年5月14日又再度修正公布，終於在同年7月1日正式施行，其立法過程可謂一波三折[10]。

9　參見沈銀和著，教育與刑罰及教育機關與少年法庭之結合，刑事法雜誌第30卷第4期，1986年8月，頁23。

10　此一立法延滯之原因在於，少年事件處理法於對於少年採取教育或刑罰二種思維之拉鋸，原草案對於少年處以刑罰僅限於最重本刑十年以上有期徒刑之罪，為此類犯罪甚少，因而當時之行政院認為不妥，其後修正為最輕本刑五年以上有期徒刑之罪應科處刑罰，並列最重本刑五年以上有期徒刑之罪及為維護社會秩序、善良風俗，與遏止少年經常觸犯之罪行，而將妨害公務的七項輕罪列入得處以刑罰之範圍，如此始達成立法之共識。參見沈銀和著，中德少年刑法比較研究，五南圖書出版，1988年4月，頁33。

我國於民國51年公布少年事件處理法後雖未立即施行，惟在57年起，即開始於各地方法院內設置觀護人，職司少年輔導之工作。至民國59年則於各地方法院成立少年法庭，並於60年5月14日起開始依少年事件處理法處理少年事件。

自民國65年5月14日開始施行之少年事件處理法，其間曾在65年5月14日及69年7月4日進行二次之修正。其中65年之修正主要在於明定「少年刑事案件亦由少年法庭審理」、「一般刑事案件與少年刑事案件相牽連時，以分別審理為原則，合併審理為例外」以及對於少年法定代理人科處罰鍰及公布姓名」等規定；而69年之修正主要增列未滿十二歲之人，觸犯刑罰法令時，亦適用少年事件處理法加以處理之規定。

二、新制之少年事件處理法

隨著時代之變遷及社會現況之改變，整體基本架構形成於民國40年間之少年事件處理法，已漸漸不符合實際上社會對於少年非法行為加以處遇之需求，因而至84、85年間在各界關心少年犯罪問題之人士結合部分立法委員要求修法下，立法及行政部門開始研擬對於少年事件處理法作大規模之修正，終於在86年10月29日大幅修正通過並公布施行，即為現行所謂新版之少年事件處理法。

民國86年修正之少年事件處理法與舊法之間有相當大之差異，如上所述，舊法事實上仍處於「以刑罰為主，教育為輔」之舊有觀念之下，因而有論者稱之為「迷你刑法」；而新版之少年事件處理法則承認少年基本上均具有善良之本質，即使係從事非法行為之少年亦具有可教性及發展性，因而對於少年應從其成長之環境背景，探討其從事非法行為之根本原因，再處以個別性之處遇，即採取所謂「以保護代替監禁，以教養代替處罰」之新觀念。

為因應此項新觀念並加以落實，新少年事件處理法特別仿效日本之家丁裁判所之法制，創設專業之少年法院，以專責少年事件處理法之執行，並於少年法院內設置專業之少年調查官、少年保護官、心理測驗及心理輔

導員等人員，以協助法官執行少年事件處理法中有關於少年調查及保護等相關之工作[11]。

　　新制之少年事件處理法較之舊制更加強調福利之內涵，而弱化刑罰之性質[12]，此由新制之少年事件處理法強化審前調查之程序、保障少年選任輔佐人之權益、增加轉向處遇之管道、處置之多樣化增設安置輔導之處分，擴大參與處遇之機構、注重少年隱私權，包括少年前科紀錄及資料之塗銷，以及對於疏於教養之法定代理人施以親職教育等等規定均可略見一二。

　　新少年事件處理法公布施行後，亦分別於民國89年2月2日、91年6月5日、94年5月18日、108年6月19日及110年12月15日多次加以修正，惟其修正之幅度並不大，其中較為重要者，為有關少年法院管轄案件範圍之調整。

　　民國89年修正之內容主要在於少年事件處理法第68條原規定少年法院亦管轄「教唆、幫助、利用或與少年共同犯罪之成年犯」、「兒童福利法刑事案件」、「兒童及少年性交易防制條例刑事案件」及「與少年刑事案件相牽連之一般刑事案件」等案件，此規定使少年法院亦須審理部分之一般刑事案件，與少年法院設置之宗旨不符，故在修正時即刪除有關於管轄「教唆、幫助、利用或與少年共同犯罪之成年犯」及「與少年刑事案件相牽連之一般刑事案件」二類案件之規定，並將其餘二類案件明確規定為「對兒童及少年有違反兒童福利法或少年福利法之行為，並觸犯刑罰法律之刑事案件」及「對兒童及少年犯兒童及少年性交易防制條例刑事案

---

[11] 論者有謂民國86年修正之新少年事件處理法與修正前之少年事件處理法相較之下，新少年事件處理法在司法刑事系統中作了較大之退讓，而使司法福利系統有較多之活動空間。參見李茂生著，我國少年事件處理法的檢討與展望—以刑事司法與福利行政兩系統的交錯為論點，月旦法學雜誌第74期，2001年7月，頁37。

[12] 少年法制之基礎理論模式可分為發源於歐洲大陸之刑事原型及發源於英美之福利原型，刑事原型受到刑事司法由應報刑主義發展至目的刑主義之影響，採取以教育代替刑罰之手段，並對少年予以個別處遇；福利原型則發源於國家親權之思想，對於少年以保護教養為目的，防範其反社會之行為。現今各國之少年法制無不在二者之間互相截長補短，形成刑事及福利模式拉鋸之情形。參見施慧玲著，少年非行防治對策之新福利法制觀—以責任取向的少年發展權為中心，中正法學集刊第1期，1998年7月，頁202至204。

件」，至此少年法院即減縮原本對於成年刑事案件管轄之範圍。

　　至於民國94年5月18日修正時，更進一步將「對兒童及少年有違反兒童福利法或少年福利法之行為，並觸犯刑罰法律之刑事案件」及「對兒童及少年犯兒童及少年性交易防制條例刑事案件」二類刑事案件之管轄權限移至普通法院，至此少年法院在刑事案件上僅審理少年之刑事案件，即不再審理一般成年人之刑事案件，此亦使少年法院更能致力於其專業化之角色。

　　此外本次修正，亦同時增列下列幾項規定：刑事法訴訟法關於證據保全之規定於少年保護事件不相違反者得加以準用；被害人損害賠償機制，強化少年事件處理效能；以及擴大少年、少年之法定代理人、現在保護少年之人或輔佐人得提起抗告之範圍，包括少年法院（庭）所為少年收容、延長收容或將之交付少年調查官為適當輔導等處置等等之情形。

　　如上所述，新制少年事件處理法施行之後，歷經上開小幅之修正，惟此後歷經十餘年之施行，少年事件處理法又有較大幅度之修正，由立法院於民國108年5月31日三讀通過並經總統公布之最新少年事件處理法正式施行。此次修法之緣由，主要係呼應大法官會議釋字第664號解釋[13]，因現行少年事件處理法關於少年有觸犯刑罰法律之虞事由之規定未盡明確，容易導致認定範圍過廣，並配合兒童權利公約施行法之施行。此次修正之內容較為重要者包括強化少年保護之能量，將原來規定之「虞犯」情形縮減並改為「曝險少年」之觀念，排除適用使用司法處遇之方式處理，而改採行「行政先行」之方式處理，由行政機關成立之少年輔導委員會進行輔導[14]；此外，原少年事件處理法第85條之1規定，七歲以上未滿十二歲之

---

13 大法官會議釋字第664號解釋謂：「少年事件處理法第3條第2款第3目規定，經常逃學或逃家之少年，依其性格及環境，而有觸犯刑罰法律之虞者，由少年法院依該法處理之，係為維護虞犯少年健全自我成長所設之保護制度，尚難遽認其為違憲；惟該規定仍有涵蓋過廣與不明確之嫌，應儘速檢討改進。又少年事件處理法第26條第2款及第42條第1項第4款規定，就限制經常逃學或逃家虞犯少年人身自由部分，不符憲法第23條之比例原則，亦與憲法第22條保障少年人格權之意旨有違，應自本解釋公布之日起，至遲於屆滿一個月時，失其效力。」

14 本次修法規範自民國112年起，「曝險少年」須由各縣市少年輔導委員會予以輔導，惟

人，有觸犯刑罰法律的行為者，由少年法院適用少年保護事件之規定，亦加以「刪除」，亦即對於兒童有觸犯刑罰法律之行為情形者，修法後不再由少年法院適用少年保護事件處理，而回歸教育社福體系進行協助處理；另外亦引進少年修復式機制，在條文中明文規定少年法院在處理少年事件時得斟酌情形，經少年、少年之法定代理人及被害人之同意，轉介適當機關、機構、團體或個人進行修復之程序。本次之修法於法律規範上可見對於少年及兒童人權之重視，且期透過法律規定強化「司法」與「社會福利」之結合，以強化「少年福利司法體系」。

　　此外，少年事件處理法於民國110年12月15日以總統華總一義字第11000111411號令修正公布第84條之內容，其主要重點在於少年之法定代理人如有忽視教養之情形，導致少年受保護處分或刑之宣告，或致保護處分之執行難收效果者，須接受親職教育之輔導，以強化其親職之功能相關規定，此為少年事件處理法最新之修正。

　　短短4年時間，各地方縣市政府如何「從無到有」建構起完整之少年輔導單位，包括組織架構之規劃，或專業輔導人員之培育，甚至各縣市政府預算之分配，均為必須克服之困境，如果這些問題無法克服，屆時如何給予曝險少年「符合其最佳利益」之輔導恐成為問題。

第四章　少年事件處理法之效力

　　少年事件處理法之效力可分為人之效力、地之效力、事之效力、時之效力，以下即分別論述之。

一、人之效力

　　少年事件處理法有關人之效力方面，係以所有行為時年齡在十二歲以上未滿十八歲之人為其效力所及之範圍，如非屬此一年齡階層之人，即非少年事件處理法效力所及，而無少年事件處理法之適用，相反地，如係此一年齡階層之人，即屬於少年事件處理法之適用範圍之內[15]。

　　惟關於人之效力方面亦有例外之情形者，此即依國際公法之共通原則，享有治外法權之少年，無我國少年事件處理法之適用。在國際公法之原則下，享有治外法權之人為外國元首及其家屬、外國使節及其家屬，惟少年一般不可能為外國之元首或使節，故通常為外國之元首或使節之家屬，此類之少年既享有治外法權，自然成為少年事件處理法在人之效力上之例外。

二、地之效力

　　少年事件處理法在地之效力方面，原則上係以我國領域內為其效力之範圍，而所謂領域，包括領地、領海、領空，且依國際公法上所公認之原則，登記為我國國籍之船舶及航空器亦視為我國領域之延伸，故只要在我國領域之內或登記我國國籍之船舶、航空器之內之行為，亦均有我國少年事件處理法之適用。

---

15 應注意者，有關七歲以上未滿十二歲之兒童適用少年保護事件之規定，在修法之後已經刪除，且自公布一年後開始施行，故於民國109年6月19日前，有關七歲以上未滿十二歲之兒童，暫時仍為少年事件處理法人之效力所及，此後即非屬於少年事件處理法之適用範圍。

三、事之效力

　　少年事件處理法並非處理所有與少年有關之事務，其有關事之效力範圍，僅及於少年事件處理法第3條第1項所規定之少年觸法事件及少年曝險事件。有關此二類事件之內容，另於以下第二編第一章第四部分中加以詳細論述。

四、時之效力

　　少年事件處理法有關時之效力與一般法律相同，均係始自公布施行並依法生效之日起[16]，而至公布廢止並依法失效之日止[17]。較有問題者，乃在施行期間如果法律之條文內容有所變動時應如何加以適用，此部分通常應依少年事件處理法施行細則之規定加以處理。

　　如民國86年10月31日修正生效之少年事件處理法，其施行細則第4條即規定，本法施行前已受理之事件，除有特別規定外，其以後之調查、審理及執行程序，均應依本法之規定處理，另其第5條第1項又規定，本法施行前僅依修正前本法第3條第2款第6目規定移送少年法庭之事件，於本法施行後，應視其進行情形，分別諭知不付審理或不付保護處分之裁定；收容中之少年，並應立即釋放。故有關少年事件處理法有所修正時，法律如何加以適用，應依其施行細則之規定。

　　惟如法律條文有所修正而施行細則並未規定新舊法適用之方式時，原則上應視法條之性質定之。如法條之性質屬於程序規定，則應依「程序從

---

16 法律之生效應依中央法規標準法之規定，中央法規標準法第12條規定：「法規應規定施行日期，或授權以命令規定施行日期。」第13條規定：「法規明定自公布或發布日施行者，自公布或發布之日起算至第三日起發生效力。」第14條則規定：「法規特定有施行日期，或以命令特定施行日期者，自該特定日起發生效力。」

17 法律之廢止應依中央法規標準法之規定，中央法規標準法第22條規定：「法律之廢止，應經立法院通過，總統公布。命令之廢止，由原發布機關為之。依前二項程序廢止之法規，得僅公布或發布其名稱及施行日期；並自公布或發布之日起，算至第三日起失效。」

新」之原則處理；如法條之性質屬於實體規定，則應參考我國刑法第2條第1項之規定[18]，依「從舊從輕」之原則處理。

18 刑法第2條第1項規定：「行為後法律有變更者，適用行為時之法律。但行為後之法律有利於行為人者，適用最有利於行為人之法律。」

第五章　少年事件處理法與相關法律

少年事件處理法係以所謂之少年為其處理之對象，惟在我國法律體系中另有許多亦係以少年為處理對象之法律或條文，其立法之規範目的與少年事件處理法均有所不同。簡單而言，少年事件處理法係作為少年非行防治之基本法律規範，屬於刑事法之一環；除此之外，尚有兒童及少年福利與權益保障法作為兒童及少年福利行政及相關權益保障之依據；並有兒童及少年性剝削防制條例用以防制兒童及少年遭受任何形式之性剝削，保護其身心健全發展；此外在毒品危害防制條例中，亦對於少年從事施用毒品之犯罪行為有特別之處理規定[19]。

以下即就此類與少年事件處理法有關之法律或條文規定分別加以論述。

一、兒童及少年福利與權益保障法[20]

我國兒童及少年福利與權益保障法係為促進兒童及少年身心健全發展，保障其權益，增進其福利而制定之法律[21]，其規定之主要內容包括父母或監護人對兒童及少年之保護、教養之責任[22]，政府及公私立機構、團體應協助兒童及少年之父母、監護人或其他實際照顧兒童及少年之人，維護兒童及少年之健康，促進其身心健全發展[23]，並規定對於需要特別照顧

---

19 例如毒品危害防制條例第20條第1項即規定：「犯第十條之罪者，檢察官應聲請法院裁定，或少年法院（地方法院少年法庭）應先裁定，令被告或少年入勒戒處所觀察、勒戒，其期間不得逾二月。」

20 兒童及少年福利與權益保障法原名稱為兒童及少年福利法係民國100年11月30日總統令修正公布名稱及全文118條；除第15～17、29、76、87、88、116條自公布六個月後施行，第25、26、90條自公布三年後施行外，其餘自公布日施行。

21 兒童及少年福利與權益保障法第1條明文規定：「為促進兒童及少年身心健全發展，保障其權益，增進其福利，特制定本法。」

22 兒童及少年福利與權益保障法第3條明文規定：「父母或監護人對兒童及少年應負保護、教養之責任。對於主管機關、目的事業主管機關或兒童及少年福利機構、團體依本法所為之各項措施，應配合及協助之。」

23 兒童及少年福利與權益保障法第4條即規定：「政府及公私立機構、團體應協助兒童及

兒童及少年不同之照顧方式。

　　兒童及少年福利與權益保障法重在兒童及少年福利之促進及權益之保障，此與少年事件處理法係在處理及矯治兒童及少年之非行行為有所不同。惟應注意者，依兒童及少年福利與權益保障法中亦有針對兒童及少年之嚴重之偏差行為，定有予以安置之規定，此與兒童及少年已涉及少年事件處理法之非行在程度上尚有不同，目的在對於兒童及少年之偏差行為，施以協助、輔導或加以安置，以避免其偏差之行為進一步惡化，而至產生非行之情形，有防患於未然之用意[24]。惟此一規定在實際適用時，可能與少年事件處理法所規定之少年曝險之情形產生界限模糊難以區別，如何加以區隔恐生爭議，此有賴於司法實務界及社會福利工作者經由實際之操作後，共同尋找一個適當之界限，以資遵行。

二、兒童及少年性剝削防制條例

　　兒童及少年性剝削防制條例之制定，旨在防制兒童及少年遭受任何形式之性剝削，保護其身心健全發展。其中主要在於規範如何對於遭受性剝削之兒童及少年加以救援、保護及作出適當之安置處分，並對於從事或促成兒童及少年性剝削之相關人員加以處罰，故其與少年事件處理法制定之意旨亦不同。

　　惟應注意者，依兒童及少年性剝削防制條例第26條第1項之規定，「兒童或少年遭受性剝削或有遭受性剝削之虞者，如無另犯其他之罪，不適用少年事件處理法及社會秩序維護法規定。」又依同條第2項之規定

少年之父母、監護人或其他實際照顧兒童及少年之人，維護兒童及少年健康，促進其身心健全發展，對於需要保護、救助、輔導、治療、早期療育、身心障礙重建及其他特殊協助之兒童及少年，應提供所需服務及措施。」

24 兒童及少年福利與權益保障法第52條第1項即規定：「兒童及少年有下列情事之一者，直轄市、縣（市）主管機關得依其父母、監護人或其他實際照顧兒童及少年之人之申請或經其同意，協調適當之機構協助、輔導或安置之：一、違反第四十三條第一項、第四十七條第一項規定或從事第四十八條第一項禁止從事之工作，經其父母、監護人或其他實際照顧兒童及少年之人盡力禁止而無效果。二、有偏差行為，情形嚴重，經其父母、監護人或其他實際照顧兒童及少年之人盡力矯正而無效果。」

「前項之兒童或少年如另犯其他之罪，應先依第十五條規定移送直轄市、縣（市）主管機關處理後，再依少年事件處理法移送少年法院（庭）處理。」此為少年事件處理法之特別規定，應優先適用之。故而除有另外犯其他罪之情形外，少年如從事有對價之性交或猥褻行為，原則上應排除少年事件處理法之適用，故不得再以其涉及之有對價之性交或猥褻行為為由，將其移送少年法院或以社會秩序維護法加以處理；而少年如另犯其他之罪，則應先移送直轄市、縣（市）主管機關處理後，再依少年事件處理法移送少年法院（庭）處理。

三、毒品危害防制條例

毒品危害防制條例雖非針對兒童及少年而設立之法律，惟其中有部分條文對於少年施用毒品者有特別之規定，在適用上與少年事件處理法之關係為何，茲論述如下。

毒品危害防制條例第20條第1項規定，犯同法第10條之罪者，檢察官應聲請法院裁定，或少年法院（地方法院少年法庭）應先裁定，令被告或少年入勒戒處所觀察、勒戒，其期間不得逾二月；其第2項則規定觀察、勒戒後，檢察官或少年法院（地方法院少年法庭）依據勒戒處所之陳報，認受觀察、勒戒人無繼續施用毒品傾向者，應即釋放，並為不起訴之處分或不付審理之裁定；認受觀察、勒戒人有繼續施用毒品傾向者，檢察官應聲請法院裁定或由少年法院（地方法院少年法庭）裁定令入戒治處所強制戒治，其期間為六個月以上，至無繼續強制戒治之必要為止，但最長不得逾一年。故少年如犯施用第一級毒品或第二級毒品之罪者，少年法院應裁定令少年入勒戒處所觀察、勒戒，之後少年法院如依據勒戒處所之陳報，認少年無繼續施用毒品傾向者，應即釋放，並為不付審理之裁定，如認少年有繼續施用毒品傾向者，應裁定令入戒治處所強制戒治。又依該法第23條之規定，依第20條第2項強制戒治期滿，應即釋放，由少年法院（地方法院少年法庭）為不付審理之裁定；又同條第2項則規定，觀察、勒戒或強制戒治執行完畢釋放後，三年內再犯第10條之罪者，少年法院（地方法

院少年法庭）應依法追訴或裁定交付審理。

　　又毒品危害防制條例第23條之2第1項規定，少年經裁定觀察、勒戒或強制戒治者，不適用少年事件處理法第45條第2項規定，亦即少年如同時受保護處分及觀察、勒戒或強制戒治時，少年法院不需裁定定其應執行之處分；又同條第2項復規定，少年法院（地方法院少年法庭）依第20條第2項、第23條第1項規定為不付審理之裁定，或依第35條第1項第4款規定為不付保護處分之裁定者，得並為下列處分：（一）轉介少年福利或教養機構為適當之輔導。（二）交付少年之法定代理人或現在保護少年之人嚴加管教。（三）告誡。上述處分均由少年調查官執行之。

　　由上所述可知，毒品危害防制條例對於少年施用毒品有特別之處理規定，惟毒品危害防制條例第24條第1項規定，本法第20條第1項及第23條第2項之程序，於少年法院（地方法院少年法庭）認以依少年事件處理法程序處理為適當時，不適用之。故上開毒品危害防制條例有關少年施用毒品之處理規定，並非屬於少年事件處理法之特別法，而排除少年事件處理法之適用，而係由少年法院依少年施用毒品之實際狀況，決定依少年事件處理法之規定或依毒品危害防制條例之規定加以處理。

　　惟目前實務上之做法，對於施用毒品之少年，通常以適用毒品危害防制條例第20條之規定加以處理為多，蓋因依毒品危害防制條例第20條之規定，對於施用毒品之少年如經觀察、勒戒後，認無繼續施用之傾向，則得對於少年為不付審理之裁定，惟如依少年事件處理法處理，則少年可能面臨保護處分之裁定，故適用毒品危害防制條例第20條之規定，對於少年應較為有利，況毒品危害防制條例之條文原本係針對施用毒品犯行之特性而設，故少年施用毒品一般亦應以適用毒品危害防制條例相關規定為宜。

　　然有例外者，如施用毒品之少年未滿十四歲，則實務上認為因未滿十四歲之少年並無刑事之責任能力，故無適用毒品危害防制條例之餘地，是仍依少年事件處理法處理為適當[25]。又有問題者，毒品危害防制條例上

---

25 依我國目前實務見解認為：「觀諸毒品危害防制條例第20條第1項關於觀察、勒戒保安

開規定之條文內容均僅稱少年，至於兒童如犯施用第一級毒品及施用第二級毒品之罪者，究應適用毒品危害防制條例，抑或回歸少年事件處理法之規定處理，適用上亦有疑義，就此實務見解亦認為，兒童因未具刑事責任能力，故並無毒品危害防制條例之適用，應依少年事件處理法之規定加以處理[26]，惟最新修正之少年事件處理法已將兒童之不法行為排除適用，將來是否成為法律適用之漏洞有待觀察。

處分之規定：『犯第十條之罪者……』及前揭釋字中『對經勒戒而無繼續施用毒品傾向者，改採除刑不除罪……』之解釋文意，足見毒品危害防制條例第20條第1項之適用，須以行為人之行為成立同條例第10條之罪為前提，倘若於勒戒後無繼續施用傾向時，僅係除刑，而仍應論以同條例第10條之罪。依此，毒品危害防制條例固無行為人之年齡限制，然依前開規定及解釋，應認行為人須具備刑事責任能力，即為滿十四歲之人，方有毒品危害防制條例第20條第1項等規定之適用。」參見94年少年法院（庭）庭長法官業務研討會法律問題提案第16號。

26 依目前我國實務見解認為：「如僅滿十一歲，則少年法院（庭）應依少年事件處理法第85條之1第1項之規定，依少年事件處理法第29條或第42條規定而為處遇。理由同前，況僅十一歲係屬兒童，依少年事件處理法第85條之1第1項之規定係適用少年保護事件之規定，而毒品危害防制條例規定之觀察勒戒等非屬保護事件，故兒童並無毒品危害防制條例規定觀察勒戒等裁定之適用。」參見少年法院（庭）庭長、法官第1期業務研討會研究專輯，2003年12月，頁240至244。

PART 2

本　論

少年事件處理法共分為五章：第一章總則，第二章少年法院之組織，第三章少年保護事件（此部分又分為第一節調查及審理，第二節保護處分之執行，第三節抗告及重新審理），第四章少年刑事案件，以及第五章附則。就條文本身而言，少年事件處理法共計有87條，惟加計第1條之1、第3條之1至之4、第5條之1至之3、第23條之1、第26條之1至之2、第31條之1至之2、第55條之1至之3、第64條之1至之2、第83條之1至之3，再扣除已刪除之第6條、第8條、第12條、第68條、第72條、第75條、第76條及第77條，實際條文應計有100條，以下即分別就上開條文之實質內容加以論述。

第一章　總則

少年事件處理法第一章為總則，本章共有9條規定，包括第1條至第4條及第1條之1、第3條之1至之4，此九條規定之內容，主要在於宣示本法之立法目的，本法適用之範圍，本法所稱少年之定義，少年法院管轄事件之範圍，告知少年犯罪事實或其曝險之事由、聽取少年陳述及告知少年得以選任輔佐人之權利，以及有關少年犯罪應受軍事審判時之處理方式。

一、立法目的

立法目的係一部法律之所以制定之目的，故通常法律之第1條即會明白表示該法之立法目的，作為整部法律適用及解釋上之依據。依照少年事件處理法第1條之規定，少年事件處理法之立法目的為，保障少年健全之自我成長，調整少年之成長環境，以及矯治少年之性格。

依據本條之規定，可知少年事件處理法立法之目的可分為3項[1]：

---

[1] 從條文規定觀之，似乎少年事件處理法之目的有三項，惟論者以為其實「保障少年健全之自我成長」係目的，而「調整少年之成長環境」及「矯治少年之性格」則係為達成上

（一）保障少年健全之自我成長，係表明少年之發展應以少年為主體之發展[2]，而非社會所要求少年應有之發展。（二）調整少年成長之環境，而所謂從外部調整少年之成長環境，又可分為消極面及積極面二種層次。從消極面言，係將少年與不適合其成長之環境予以隔離，使其不再受該不良環境之影響；從積極面言，則係要求社會必須分擔少年健全成長之責任[3]。（三）矯治少年之性格，相對於調整少年之成長環境係從外部著手，協助糾正少年之性格則係從內部著手以矯正少年之不良性格[4]。

　　依照上開規定之內容，可以明顯瞭解到少年事件處理法之制定，並非側重在對於少年非行行為之懲罰，而係以教育及保護少年為出發點，認為少年之所以出現非行之行為，主要係其所成長之環境造成，因此對於出現非行之少年，不應一味以懲罰之方式加以處理，而係應提供少年一個正常而良好之環境，使少年在此一環境中發展自我，並藉此以改變其不良之性格。

二、少年事件處理法適用範圍

　　少年事件處理法第1條之1規定該法適用之範圍，依照該條之規定，有關「少年保護事件」及「少年刑事案件」之處理，均應依少年事件處理法之規定[5]，如有該法未規定之情形，始得適用其他相關法律之規定加以處理。

　　因此少年事件處理法係有關於「少年保護事件」及「少年刑事案件」

開目的所使用之手段。參見李茂生著，八四年版少事法草案起草經過及評釋（下），刑事法雜誌第40卷第1期，1996年2月，頁46。

2　論者有以為，所謂「自我成長」具有宣示「少年健全成長發展權」之效用，其具體內容有三，其一為請求除去妨礙其成長之障礙之權利，其二為請求國家社會提供適合健全成長環境之權利，其三為請求協助圓滿達成健全人格成長之權利。同上註，頁45。

3　見緒論編之註12，頁224。

4　同上註。

5　應注意者，有關七歲以上未滿十二歲之兒童有觸犯刑罰法令之行為，亦即所謂之兒童觸法事件，在最新修正之少年事件處理法已刪除，因自公布一年後開始施行，故於民國109年6月19日前，兒童觸法事件暫時仍應適用少年事件處理法處理，此後即無所謂兒童觸法事件。

優先適用之法律規範，只要屬於少年事件處理法就「少年保護事件」及「少年刑事案件」方面規定之事項，均應優先適用少年事件處理法，並無適用其他法律規定之餘地。由此可知，少年事件處理法在刑事法之領域中具有特別法之地位，有優先排除其他普通法律適用之效力。

而關於「少年保護事件」及「少年刑事案件」方面，如有少年事件處理法未規定之事項，則得適用其他法律之規定。此所謂其他法律係指經立法院三讀通過，總統公布施行之法律[6]，至於行政機關所發布之命令則不包括在內。而其他法律所指之範圍甚廣，包括與少年事件相關之實體法、程序法及組織法在內之其他各種類型之法律，均有適用之可能。

而一般所謂「適用其他法律規定」之情形不一而足，在實務上較常見者，例如刑事訴訟法第31條第1項有關強制辯護之規定，於少年刑事案件中即有適用之餘地，故少年被告如因犯最輕本刑三年以上有期徒刑之罪，經檢察官起訴者，則在法院審判中，如少年被告未選任辯護人，法院應指定公設辯護人或律師為其辯護。

惟必須注意者，所謂適用其他法律之規定，應以其他法律之規定，其性質與少年事件處理法之立法精神不相牴觸者為限，如其規定內容有悖於少年事件處理法之立法精神，則仍不得加以適用。例如刑事訴訟法中有關附帶民事之程序於少年事件處理法並無規定，惟實務上即認為附帶民事訴訟之規定於少年保護事件中並無適用之餘地[7]；又如刑事訴訟法中有關現行犯逮捕之規定，實務見解上亦認為在少年虞犯事件（最新修法後現已不稱虞犯少年改為稱曝險少年）中並無適用之餘地[8]。

6　依中央法規標準法第2條之規定，法律得定名為法、律、條例或通則。
7　依我國目前實務見解認為：「少年保護事件與一般刑事案件之性質完全不同，為貫徹少年保護處分，以積極輔導少年改過向善之精神，自不宜在保護事件審理中再生枝節，而依刑事訴訟法第487條第1項規定，提起附帶民事訴訟。」參見95年少年法院（庭）庭長法官業務研討會法律問題提案第22號。
8　依我國目前實務見解認為：「一、刑事訴訟法第88條，係針對現行『犯』而為之規定，法文中既曰『犯』，即指具有構成要件該當性之行為，而虞犯行為，既非屬刑法所處罰之法益侵害行為，即不具構成要件該當性，故虞犯行為自無從等同於現行『犯』，從而司法警察不能援引甲刑事訴訟法第88條之規定『逮捕』從事虞犯行為之少年。二、就法律解釋學而言，逮捕係對人身自由之限制，自應從嚴解釋，故就逮捕之正當性有疑義

　　又應注意者，此所謂適用其他法律之規定，與本法中有關於「準用」其他法律之規定，係屬不同之概念，應加以區隔，不應混為一談。蓋所謂「準用」，係不同法律中有規範相同內容之必要時，基於法律條文之精簡化原則，即不再重複規定，而僅規定特定情況下，適用其他特定法律之內容。故「準用」並非法律在立法時未注意，而未加以規定，而係在立法上直接規定適用其他法律之規定，以求法律條文之精簡。因此本法中有關「準用」之規定，仍係依本法之規定而「準用」其他法律規定，換言之，此時仍係根據本法中「準用」之條款，而間接適用其他特定之法律規定，並非屬於本法所未規定之情形，故與上開所稱之本法未規定，而適用其他法律之情形自然有所不同。

三、少年之定義

　　法律中有關年齡之規定甚多，例如民法第12條規定滿二十歲為成年人（自民國112年為滿十八歲成年），第13條第1項則規定未滿七歲之未成年人，無行為能力，又如刑法第18條第1項規定未滿十四歲人之行為不罰，同條第2項則規定十四歲以上未滿十八歲人之行為得減輕其刑，凡此皆係法律就年齡及其法律上之行為能力或責任能力所為之規定。

　　而少年事件處理法所稱之少年究係指何種年齡之人，在立法上自然亦必須予以明文規定，以免在法律之適用上產生爭議，因而少年事件處理法第2條即就少年之定義明確規定為「本法稱少年者，謂十二歲以上十八歲未滿之人。」依此規定可知少年事件處理法所稱少年之範圍較刑法第18條第2項所規定不具完全刑事責任能力之範圍為寬。因刑法第18條第2項係規定「十四歲以上未滿十八歲人之行為，得減輕其刑。」而少年事件處理法所稱少年則擴及於十二歲以上未滿十四歲之人，此年齡層之人原本依刑法

　　時，自應從嚴解釋，認不包含虞犯行為在內。如認有逮捕之必要，宜修法明文定之。」
參見95年少年法院（庭）庭長法官業務研討會法律問題提案第21號。

之規定並無刑事責任能力[9]，惟因少年事件處理法側重對於少年之保護而非懲罰，故在立法上擴大其適用之範圍。又應注意者，我國兒童及少年福利與權益保障法第2條規定：「本法所稱兒童及少年，指未滿十八歲之人；所稱兒童，指未滿十二歲之人；所稱少年，指十二歲以上未滿十八歲之人。」因此兒童及少年福利與權益保障法中所稱少年與少年事件處理法所稱之少年係屬一致。

四、少年法院審理之事件

少年事件處理法就少年法院審理事件之種類，審理事件之性質，及軍事審判案件之處理均分別定有規定，以下即就相關規定分別加以介紹。

（一）審理事件之種類

少年事件處理法第3條第1項規定少年法院所審理事件之範圍，依該條之規定少年法院就下列事件有審理之權限：1.少年有觸犯刑罰法律之行為者。2.少年有下列情形之一，而認有保障其健全自我成長之必要者：（1）無正當理由經常攜帶危險器械。（2）有施用毒品或迷幻物品之行為而尚未觸犯刑罰法律。（3）有預備犯罪或犯罪未遂而為法所不罰之行為。依據上開規定，少年法院審理之事件可分為二大類，第一大類稱為「少年觸法事件」，第二大類一般稱之為「少年曝險事件」。

1.少年觸法事件

「少年觸法事件」係指少年有觸犯刑罰法律之行為者而言。所謂刑罰法律係指所有經立法院三讀通過，總統公布施行，有科處刑罰規定之所有法律。又稱刑罰者，包括死刑、無期徒刑、有期徒刑、拘役及罰金等處罰之規定而言，故只要列有上開處罰規定之法律均屬刑罰法律。

刑罰法律主要見於刑法第100條至第362條之規定，除此之外，另有許

9　刑法第18條第1項規定：「未滿十四歲人之行為，不罰。」故十二歲以上未滿十四歲之人，依刑法之規定原本並無刑事責任能力。

多特別刑法之規定，如槍砲彈藥刀械管制條例、貪污治罪條例、懲治走私條例等等，另外在行政法中亦常見有罰責之專章中訂有刑罰法律之規定，即所謂之行政刑法，例如公司法第9條第1項、第19條第2項、第63條第2項；保險法第167條第1項、第168條第6項；著作權法第91條至第103條；廢棄物清理法第45條至第48條；森林法第50條至第54條；漁業法第60條至第63條等等，其條文規定繁多不一一加以引述。

少年觸法事件之少年又可因其已滿十四歲與否而分為「犯罪少年」及「觸法少年」二種，如係十四歲以上未滿十八歲者，稱之為犯罪少年，如係十二歲以上未滿十四歲者，稱之為觸法少年。二者之間最大不同在於犯罪少年已滿十四歲，依刑法第18條第2項之規定已有刑事責任能力，故得依少年事件處理法第27條之規定移送檢察官進行刑事責任之訴追程序，而觸法少年因未滿十四歲，依刑法第18條第1項尚無刑事責任能力，故不得依該條之規定移送檢察官進行刑事責任之訴追程序。

2.少年曝險事件

「少年曝險事件」在少年事件處理法修正前稱之為「少年虞犯事件」，係指少年有特定之偏差行為，而依其性格及環境觀察，認為有觸犯刑罰法律之虞者而言，故所謂虞犯（predelinquent, status offender）[10]係由虞犯之事由及虞犯性二者所構成。虞犯事由指特定之偏差行為者而言，虞犯性則指依少年性格及環境觀察，有觸犯刑罰法律之虞者而言。虞犯少年其因具有特定之偏差行為，而該特定之偏差行為在現行法律上雖尚不構成犯罪，惟依照少年本身所具備之性格或其所處之外在環境，此種特定之偏差行為具有犯罪之傾向，極有可能使少年在將來從事犯罪之行為，故法律有必要預先就此種特定偏差行為加以處理，以避免將來犯罪行為之發生[11]。惟如前所述，新修正之少年事件處理法因應兒童權利公約及國際間

---

10 在美國少年虞犯有各種不同之名稱，包括predelinquent、status offender、juvenile in need of service、child in need of supervision。
11 少年偏差行為之範圍甚廣，而偏差行為之核心，亦即較為嚴重之偏差行為，即構成一般所稱之犯罪行為，而較外圍之偏差行為雖尚未構成犯罪，惟已相當接近犯罪之邊緣，故

對於兒童司法人權之重視，將虞犯少年改稱為曝險少年，以去標籤化，並縮減司法介入事由，將行為有偏差之少年盡量改以行政處理之手段取代司法處理之手段，避免少年過早進入司法體系之程序。

　　所謂之「曝險少年」，依修正後少年事件處理法第3條第1項第2款之規定，係指少年有下列情形之一，而認有保障其健全自我成長之必要者：（1）無正當理由經常攜帶危險器械。（2）有施用毒品或迷幻物品之行為而尚未觸犯刑罰法律。（3）有預備犯罪或犯罪未遂而為法所不罰之行為。

（1）無正當理由經常攜帶危險器械

　　此處所謂無正當理由，係指並不具備一般情理上所應加以容許之理由，攜帶則指身攜或懷帶，然不以附著於身體上為限，只要處於隨時可取得使用之狀態均屬之。此所稱之危險器械，依照少年保護事件審理細則第2條第1款之規定，係指槍砲彈藥刀械管制條例所定以外之槍砲、彈藥、刀械等危險器械。亦即應係指槍砲彈藥刀械管制條例第4條第1項第3款所稱之槍砲彈藥刀械以外之如刀械等物，如水果刀、削鉛筆用之小刀等等，因如屬於槍砲彈藥刀械管制條例所稱之槍砲彈藥刀械，即構成違反槍砲彈藥刀械管制條例之犯罪行為，此時即屬於上開所稱之「少年觸法事件」，而非此處所稱之少年曝險事件。

（2）有施用毒品或迷幻物品之行為而尚未觸犯刑罰法律

　　依照目前毒品危害防制條例之規定，將毒品分為四級，並對於施用第一級、第二級毒品者處以刑事之處罰，至於施用第三級及第四級毒品則並無刑事處罰之規定，因而此處施用毒品應指施用第三級及第四級之毒品，而迷幻物品則指毒品以外其他施用後足以造成人之心神陷入迷惘幻覺狀態之物品，如強力膠等物。而所謂施用之方式，包括以鼻吸入或以口服食等吸食，或吸食以外其他注入身體之皮膚或血管等行為。因施用第三級、第

　　法律有必要對於此種偏差行為加以處理。同前揭註1，頁7。

四級毒品或迷幻物品等，易造成精神恍惚、神智不清，而在此情況之下，有可能產生犯罪之行為，甚而有自我殘害之行為，故此種行為亦有必要列入少年曝險事件之範圍以保護少年。

（3）有預備犯罪或犯罪未遂而為法所不罰之行為

預備犯罪因尚未著手犯罪行為之實施，除非犯罪之情節嚴重，而法律有處罰之特別規定者外[12]，原則上不予處罰，而刑法第25條第2項前段亦規定，未遂犯之處罰，以有特別規定者為限，故預備犯罪或犯罪未遂有時並無刑事處罰之規定，如少年有此等行為並不構成觸法之行為。惟因此種行為已相當接近於犯罪行為之成立，僅因刑事政策之立法考量不予以認定為犯罪行為而予以刑事之處罰，故而有此種行為之少年，在將來甚有可能從事或者涉入構成犯罪之行為，因此為防患於未然，有必要將此種行為列入少年曝險事件之範圍中加以處理。

又上開少年事件處理法第3條第1項第2款所規定之三項特定曝險事件，其共同之要件為「認有保障其健全自我成長之必要者」，此處所謂有保障之必要，依少年事件處理法第3條第2項之規定，應依少年之性格及成長環境、經常往來對象、參與團體、出入場所、生活作息、家庭功能、就學或就業等一切情狀而為判斷。故而並非少年一有上開三項偏差之行為，即可認為其係屬於曝險之少年，尚須就少年整體生活之環境、作息等相關方面，依照個案情形加以審酌後認定。

（二）審理事件之性質

少年事件處理法第3條第1項有關少年法院審理事件範圍之規定，係屬專屬審理之規定，依此規定有關「少年觸法事件」及「少年曝險事件」（民國109年6月19日前尚包括「兒童觸法事件」），均應由少年法院加以審理，並排除其他普通法院審理之權限，惟如未設有少年法院之地區則應由普通地方法院之少年法庭專責處理。

---

12 例如刑法第271條第3項規定，預備犯殺人罪者，處二年以下有期徒刑。

有疑問者乃少年事件處理法第3條就少年法院審理少年事件之權限規定，究係屬於少年法院管轄權之規定，或係有關審判權之規定。關於此一問題，依目前我國實務見解，係認為少年法院及高等法院及其分院之少年法庭，屬專業法院，依少年事件處理法之規定，專屬管轄第一審、第二審之少年保護事件及少年刑事案件，故係屬管轄權之規定[13]。

其次有關少年如有犯罪之行為，應先移送少年法院（少年法庭）處理，此稱之為少年法院（少年法庭）之「先議權」，此項少年法院（少年法庭）之權限亦為我國實務所承認，亦即少年有觸犯刑罰法令之行為者，應由少年法院（少年法庭）依少年事件處理法處理之，惟少年法院（少年法庭）調查結果，認為少年犯最輕本刑為五年以上有期徒刑以上之刑之罪者，始應以裁定移送檢察官偵查，故少年犯罪原則上應先由少年法院（少年法庭）處理，此即少年法庭先議權[14]。

五、軍事審判案件之處理

少年事件處理法第4條規定：「少年犯罪依法應受軍事審判者，得由少年法院依本法處理。」本條規定乃在於規範少年如有依法應受軍事審判之情形，基於保護少年之原則，亦得由少年法院依本法加以處理，以免少年受到較為嚴苛之軍事審判之對待，係屬少年法院管轄規定之擴張。

惟此條條文係因舊軍事審判法第3條第3款，規定陸、海、空軍所屬在校之學員、學生視同現役軍人，造成少年也有可能因係軍校學生而具

---

[13] 我國目前實務見解認為：「少年法院及地方法院少年法庭暨高等法院及其分院之少年法庭，俱屬法定之專業性法院。依同法（指少年事件處理法）第1條之1、第5條之1、第14條、第63條及第70條等規定，專屬管轄第一、二審之少年保護事件及少年刑事案件。」參見最高法院92年度台上字第6291號判決。

[14] 我國目前實務見解認為：「少年有觸犯刑罰法令之行為者，由地方法院少年法庭（按當時我國少年法院尚未設立）依少年事件處理法處理之，但少年法庭調查結果，認為少年犯最輕本刑為5年以上有期徒刑以上之刑之罪者，應以裁定移送於有管轄權之法院檢察官，同法第3條第1款、第27條第1項分別定有明文，是少年犯罪原則上應由少年法庭處理（少年法庭先議權），必於少年法庭裁定移送後，受移送之法院檢察官始能偵辦。」參見最高法院71年台上字第5561號判例。

有現役軍人之身分，導致其成為軍事審判之對象[15]，因而特別設立用以保護少年之規定。惟上開視同現役軍人之規定業於民國88年10月2日修正時予以刪除，且依兵役法第3條之規定，現行之服役男子均為十八歲以上之人[16]，因此依現行法律之規定，少年犯罪已無受軍事審判之可能，即使在軍校就讀之少年犯陸海空軍刑法及其特別法之罪，仍應適用少年事件處理法加以處理，故本條文目前已無適用之餘地而成為具文。

六、通則

　　以下係針對有關少年應受告知之權利等相關程序上之基本權利、少年之輔佐人及送達等規定作說明，其中輔佐人及送達之規定雖在立法上置於少年保護事件之調查及審理程序規定中，惟相關規定為少年調查及保護事件處理過程均有適用之處，固本文將之置於通則中一併加以說明。

（一）通知陪同等權利

　　依少年事件處理法第3條之1第1項規定，詢問或訊問少年時，應通知其法定代理人、現在保護少年之人或其他適當之人陪同在場；但經合法通知，無正當理由不到場或有急迫情況者，不在此限。故依本項之規定，無論係少年保護事件或少年刑事案件，警察、檢察官、少年調查官、法官於偵查、調查或審理少年事件而對於少年進行詢問或訊問之時，均應先行通知其法定代理人、現在保護少年之人或其他適當之人到場陪同少年。所謂法定代理人依照民法之相關規定認定，通常為少年之父母；至於現在保護少年之人，依照少年保護事件審理細則第2條第2款之規定，係指少年之親

---

15 軍事審判法第1條規定：「現役軍人戰時犯陸海空軍刑法或其特別法之罪，依本法追訴、處罰。現役軍人非戰時犯下列之罪者，依刑事訴訟法追訴、處罰：一、陸海空軍刑法第四十四條至第四十六條及第七十六條第一項。二、前款以外陸海空軍刑法或其特別法之罪。非現役軍人不受軍事審判。」
16 兵役法第3條規定：「男子年滿十八歲之翌年一月一日起役，至屆滿三十六歲之年十二月三十一日除役，稱為役齡男子。但軍官、士官、志願士兵除役年齡，不在此限。男子年滿十五歲之翌年一月一日起，至屆滿十八歲之年十二月三十一日止，稱為接近役齡男子。」

屬、家長、家屬、師長、雇主等，具有長期性或繼續性，且於少年法院、機關（構）、學校或團體處理少年事件時，得保護少年之人；而所指其他適當之人則依照少年保護事件審理細則第2條第3款之規定，係指少年之法定代理人或現在保護少年之人以外，得依事務性質，提供少年必要協助之人，故而其他適當之人則依照少年實際上之生活狀態加以認定，只要係屬於合適陪同少年之人均可，並無限制。蓋因少年心智尚未成熟，而其法定代理人、現在保護少年之人或其他適當之人對於少年之身心發展狀況較為瞭解，故而由其等陪同少年接受詢問或訊問，可使少年情緒上獲得一定之舒緩，且有助於事實之調查。惟依本項但書之規定，如經合法通知，無正當理由不到場或有急迫情況者，不在此限，故而通知上開人士到場陪同少年並非絕對必要之程序，如上開人士業經通知而無正當理由不到場，或依照事件之案情有急迫之情況，則可以直接對於少年加以詢問或訊問，而無須等候上開人士到場，甚至無須通知上開人士到場。

又依照少年事件處理法第3條之1第2項之規定，依法應於二十四小時內護送少年至少年法院之事件，等候同條第1項陪同之人到場之時間不予計入，並應釋明其事由；但等候時間合計不得逾四小時。另依照少年事件處理法第3條之1第3項之規定，少年因精神或其他心智障礙無法為完全之陳述者，必要時，得請兒童及少年心理衛生或其他專業人士協助。此在少年保護事件審理細則第3條第2項亦為相同之規定。

此外，依照少年事件處理法第3條之1第4項之規定，少年不通曉詢問或訊問之人所使用之語言者，應由通譯傳譯之。其為聽覺、語言或多重障礙者，除由通譯傳譯外，並得以文字、手語或其他適當方式詢問或訊問，亦得許其以上開方式表達。此在少年保護事件審理細則第3條第3項亦為相同之規定。

（二）受告知權利事項之權利

依少年事件處理法第3條之2第1項之規定，詢問或訊問少年時，應先告知下列事項：1.所涉之觸犯刑罰法律事實及法條或有第3條第1項第2款

各目事由；經告知後，認為應變更者，應再告知。2.得保持緘默，無須違背自己之意思而為陳述。3.得選任輔佐人；如依法令得請求法律扶助者，得請求之。4.得請求調查有利之證據。依此規定，少年在警察、檢察官、少年調查官、法官處理其事件或案件時，無論係在保護事件之調查、審理階段，抑或在刑事案件之偵查、審判階段，均應告知其有上開四項之權利。因應上開規定，少年保護事件審理細則第3條第1項乃規定，詢（訊）問少年或告知法律所定應告知事項時，應以和藹懇切之態度、適當方式，及使少年易於瞭解之用語為之，並使少年得自由表達意見。

依少年事件處理法第3條之2第2項之規定，少年表示已選任輔佐人時，於被選任之人到場前，應即停止詢問或訊問。但少年及其法定代理人或現在保護少年之人請求或同意續行詢問或訊問者，不在此限。蓋少年既已選任輔佐人為其利益參與訊問之程序，為保障少年合法之權利，並合乎正當之法律程序，自應等候被選任之輔佐人到場，始得繼續對於少年進行詢問或訊問，在此之前自應停止對於少年之詢問或訊問，惟如少年及其法定代理人或現在保護少年之人請求或同意在選任之輔佐人到場前續行詢問或訊問者，自無不允許之理，此時自得以對於少年續行詢問或訊問。

有疑問者，乃在於少年刑事案件中，依照刑事訴訟法第95條之規定，必須告知少年被告有得選任辯護人等事項之權利，此時是否有必要再依本條之規定告知少年被告得在刑事訴訟程序中選任輔佐人即有疑問。目前有關此一問題之實務見解似尚未統一；有採取肯定說者認為，少年事件處理法有關告知選任輔佐人之規定係列置於總則，應為其他各章之共通原則，在少年刑事案件自應一體適用，故少年法院於審理少年刑事案件時，除需踐行刑事訴訟法第95條所規定告知得選任辯護人等事項之義務外，尚應告知被告有選任輔佐人之權利[17]；亦有採否定說者認為，少年保護事件中之

---

17 採肯定說之見解認為：「少年事件處理法有關告知選任輔佐人之規定係列置於該法之第一章總則第3條之1，為其他各章之共通原則，其中第四章之少年刑事案件自亦一體適用。基此，除少年保護事件應依該條文規定，告知少年有選任輔佐人之權利外；少年法院（庭）於審理少年刑事案件時，除需踐行刑事訴訟法第95條所規定告知得選任辯護人等事項之義務外，尚應依少年事件處理法第3條之1規定，告知被告有選任輔佐人之權

輔佐人，其性質應相當於刑事案件中之辯護人，在少年刑事案件審理時，既已告知其得選任辯護人，自無告知可選任輔佐人之必要[18]；上開實務之見解前後不一致，將來應有統一見解或修法加以明定之必要。

（三）隔離之權利

依照少年事件處理法第3條之3之規定，詢問、訊問、護送少年或使其等候時，應與一般刑事案件之嫌疑人或被告隔離。但偵查、審判中認有對質、詰問之必要者，不在此限。依此規定，警察機關、檢察機關及法院在處理少年事件時，無論係對於少年進行對於詢問、訊問程序時，抑或進行護送少年或使少年等候相關程序之進行時，均應注意使少年與其他一般刑事案件之嫌疑人或被告加以隔離，此乃在於彰顯少年之身分與其他非少年之嫌疑人或被告性質上之不同，惟在檢察官進行偵查程序中或者法官進行進審判程序中，認為少年有與非少年之一般刑事案件嫌疑人或被告對質或者進行詰問之必要者，則此時為查明事實之真相，自應例外不予隔離。

（四）合理休息之權利

依照少年事件處理法第3條之4第1項之規定，連續詢問或訊問少年時，得有和緩之休息時間。此乃在於少年身心發展尚未完全成熟，其在面對司法程序之詢問或訊問時，難免緊張或者體力難以負荷，而無法對於詢問或訊問之問題做出正確之回答，故而有需要給予少年相當之休息時間，以為緩和少年之身心狀態。

又依照少年事件處理法第3條之4第2項前段之規定，詢問或訊問少年，不得於夜間行之。故而對於少年之詢問或訊問原則上不得於夜間進

利，以保障其訴訟上權益。」參見臺灣高等法院暨所屬法院93年法律座談會彙編，2005年5月，頁346至347。

18 採否定說之見解認為：「少年保護事件中之輔佐人，其性質應相當於刑事案件中之辯護人，則對於少年刑事案件，少年法院（庭）法官審理時，既已依刑事訴訟法第95條規定，告知其得選任辯護人自無再適用少年事件處理法第3條之1告知可選任輔佐人之必要。」參見95年少年法院（庭）庭長法官業務研討會法律問題提案第1號。

行，蓋夜間通常心理狀態較為不佳，對於相關之詢問或訊問難免無法做出正確之回答，故而為保障少年之權利，乃特為此一規定。惟為因應實際之需要，同項之但書乃規定，如有下列情形之一者，則例外得以在夜間對於少年進行詢問或訊問，而不受到此限制：1.有急迫之情形。2.查驗其人有無錯誤。3.少年、其法定代理人或現在保護少年之人請求立即詢問或訊問。故而如有上開三項情形，則仍得以於夜間對於少年進行詢問或訊問。

　　上開所謂夜間係指何時，難免有爭議，故而少年事件處理法第3條之4第3項乃明文規定：「前項所稱夜間者，為日出前，日沒後。」故而所謂日間、夜間則以日出日沒為判斷之標準，至於實際每日之日出日沒則一般以我國交通部中央氣象局發布之時間為準。

第二章　少年法院之組織

少年事件處理法第二章規定少年法院之組織，包括少年法院之設置及少年法院內部編制，其中內部編制部分並規定少年法院應有之人員及其職等等。惟應特別注意者，我國於民國103年1月29日公布施行「少年及家事法院組織法」，依其規定已將原來少年法院加入家事相關事件之業務，而成為「少年及家事法院」，管轄包括少年事件處理法在內之少年及家事相關案件等[19]，故本章有關於少年法院之規定均已成為具文，惟因為條文並未刪除，本文仍加以論述如下。

一、少年法院之設置

少年事件處理法第5條規定有關處理少年事件之機關設置，其第1項規定：「直轄市設少年法院，其他縣（市）得視其地理環境及案件多寡分別設少年法院。」依據本項規定，在直轄市地區「應」設置少年法院，而其他非直轄市之地區，則依照其地理環境及少年事件案件量之多寡，視情形「得」設置少年法院。

少年事件處理法第5條第2項規定：「尚未設少年法院地區，於地方法院設少年法庭。但得視實際情形，其職務由地方法院原編制內人員兼任，依本法執行之。」依據本項規定，在尚未設置少年法院之地區，應於該地方法院內設置少年法庭專庭，負責審理少年事件處理法所規定之事件；惟如實際情形上該地方法院無人力得以負荷少年法庭專庭之設置，則得以該法院內原編制之人員，派充負責少年事件處理法所規定之事件之審理[20]。

又依少年事件處理法第5條第3項規定：「高等法院及其分院設少年法

---

[19] 少年及家事法院組織法第2條第1項即明文規定：「少年及家事法院，除法律別有規定外，管轄下列第一審事件：一、少年事件處理法之案件……。」
[20] 依少年事件處理法施行細則第2條規定：「本法規定由少年法院行使之職權，於未設少年及家事法院地區，由地方法院設少年法庭依本法辦理之。」

庭。」依本項規定，在高等法院之層級無須單獨設置處理少年事件之法院，僅須在高等法院及其分院內設置少年法庭專庭，以處理少年法院或少年法庭而為判決或裁定之上訴或抗告案件或事件。

故我國目前專責處理少年事件處理法之法院（庭）係分為二級制，第一級為少年法院或各地方法院之少年法庭，第二級則為高等法院及其各分院之少年法庭。

二、少年法院之編制

少年事件處理法第5條之1規定少年法院之編制：「少年法院分設刑事庭、保護庭、調查保護處、公設輔佐人室，並應配置心理測驗員、心理輔導員及佐理員。」依此規定，少年法院基本上須有刑事庭、保護庭、調查保護處、公設輔佐人室之設置，並應有心理測驗員、心理輔導員及佐理員之人員編制。

惟在實際上少年法院之編制不只上開規定之人員，尚有其他行政人員之編制，圖2-2-1說明少年法院之編制。

由圖2-2-1可知少年法院在少年事件之處理方面，分為保護庭及審判庭，置庭長、法官，分別負責少年保護事件之調查、審理及少年刑事案件之審判。

（一）院長、庭長、法官

少年事件處理法第7條規定少年法院院長、庭長及法官之遴選，依該條第1項之規定，少年法院院長、庭長及法官、高等法院及其分院少年法庭庭長及法官、公設輔佐人，除須具有一般之資格外，應遴選具有少年保護之學識、經驗及熱忱者充之。又依該條第2項之規定，前項院長、庭長及法官遴選辦法，由司法院定之，司法院因此訂有少年法院院長、庭長及法官遴選之相關辦法以資適用。

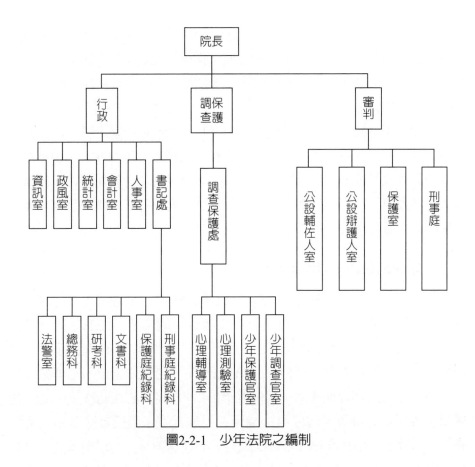

圖2-2-1　少年法院之編制

（二）處長、少年調查官、少年保護官

又依少年事件處理法第10條規定，調查保護處置處長一人，由少年調查官或少年保護官兼任，綜理及分配少年調查及保護事務；其人數合計在六人以上者，應分組辦事，各組並以一人兼任組長，襄助處長。此乃少年法院與一般法院較為不同之處者，一般法院並無設置有所謂調查保護處（有少年法庭者除外）。另依少年事件處理法第9條第1項之規定，少年調查官職務包括下列各項：1.調查、蒐集關於少年保護事件之資料。2.對於少年觀護所少年之調查事項。3.法律所定之其他事務；而同條第2項則規定，少年保護官之職務包括下列各項：1.掌理由少年保護官執行之保護處

分。2.法律所定之其他事務。由此可知,少年調查官主要負責審前調查及出庭陳述之工作,而少年保護官則主要負責少年法院所為保護處分裁定執行之工作[21]。又同條第2項規定,少年調查官及少年保護官執行職務,應服從法官之監督。

又少年事件處理法第13條就少年調查官、少年保護官之職等加以明文規定,依該條之規定,少年法院兼任處長或組長之少年調查官、少年保護官薦任第九職等或簡任第十職等,其餘少年調查官、少年保護官薦任第七職等至第九職等;高等法院少年法庭少年調查官薦任第八職等至第九職等或簡任第十職等。

(三)心理測驗員、心理輔導員

此外,少年法院之編制內尚有尚有心理測驗員、心理輔導員之設置,以隨同少年調查官或少年保護官執行少年審前調查及保護處分執行等工作,主要在於藉由其等心理學方面之專長,對於少年之心理有更進一步之瞭解。依少年事件處理法第5條之3第1項規定,心理測驗員、心理輔導員及佐理員配置於調查保護處;又同條第2項則規定,心理測驗員、心理輔導員,委任第五職等至薦任第八職等。佐理員委任第三職等至薦任第六職等。另外少年事件處理法第11條規定,心理測驗員、心理輔導員、書記官、佐理員及執達員隨同少年調查官或少年保護官執行職務者,應服從其監督。

(四)公設辯護人、公設輔佐人

依少年事件處理法第5條之2規定,少年法院之組織,除本法有特別規定者外,準用法院組織法有關地方法院之規定。又法院組織法第17條第1

---

21 少年調查官及少年保護官在86年版之少年事件處理法制定之前稱為觀護人,隸屬於法院,與隸屬檢察署從事成年受刑人之保護管束工作之觀護人不同,是採取所謂觀護二元化之制度。惟論者有認為應採觀護一元化之制度,以建立完整而統一之觀護制度,俾便合理分配觀護資源,發揮觀護之專業功能。參見徐錦鋒著,我國少年觀護制度的新紀元,月旦法學雜誌第74期,2001年7月,頁26。

項規定，地方法院設公設辯護人室，置公設辯護人，薦任第七職等至第九職等或簡任第十職等至第十一職等，其公設辯護人在二人以上者，置主任公設辯護人，薦任第九職等或簡任第十職等至第十二職等。

又依少年事件處理法第31條第5項規定，公設輔佐人準用公設辯護人條例有關規定，故公設輔佐人之資格、職等、待遇等均準用公設辯護人條例相關規定，而在實務上目前均由公設辯護人兼任公設輔佐人之工作，甚少另行設立專任之公設輔佐人。

（五）書記官長、書記官、通譯、執達員、錄事、庭務員、法警

依少年事件處理法第5條之2規定，少年法院之組織，除本法有特別規定者外，準用法院組織法有關地方法院之規定。故少年法院之編制中與一般地方法院相同，均有書記官長、書記官、通譯、執達員、錄事、庭務員、法警等人員，其編制及職等，均依法院組織法有關地方法院之規定[22]。

（六）人事室、會計室、統計室、資訊室

依少年事件處理法第5條之2規定，少年法院之組織，除本法有特別規定者外，準用法院組織法有關地方法院之規定。故少年法院之編制與一般地方法院相同，均設有人事室、會計室、統計室、資訊室，其相關之編制人員及職等，均依法院組織法中有關地方法院之規定[23]。

又在未設少年法院之地區，則由地方法院之少年法庭行使少年法院之職權，少年法庭之組織則如圖2-2-2所示：

---

[22] 有關地方法院書記處及通譯、法警之編制及職等，規定於法院組織法第22條至第23條。
[23] 有關地方法院人事室、會計室、統計室、資訊室，其相關之編制人員及職等，規定於法院組織法第24條至第26條。

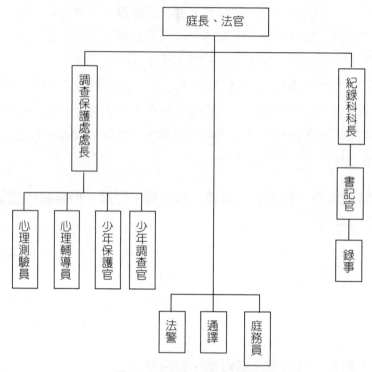

圖2-2-2　少年法庭之組織

第三章　少年保護事件

本章係有關於少年保護事件之規定，其內容包括少年保護事件之管轄問題、調查程序之進行、審理程序之進行、少年經裁定保護處分後執行之問題，以及對於少年法院於保護事件中所為之裁定之抗告及重新審理等等相關規定，以下即分別論述之。

第一節　調查及審理

一、少年保護事件之管轄

少年保護事件之管轄可分為土地管轄、移送管轄、牽連及競合管轄三種，茲分述如下：

（一）土地管轄

少年保護事件依少年事件處理法第14條規定，原則上由少年之行為地、住所、居所或所在地之少年法院管轄。所謂行為地即指少年行為發生之地點，有疑問者，刑事訴訟法第5條第1項規定「案件由犯罪地或被告之住所、居所或所在地之法院管轄」。而依實務之見解，犯罪地包括犯罪行為地及犯罪結果地二者，惟本條直接規定行為地，是否包括結果地似值商榷。

又所稱少年之住所應依民法第21條定之[24]，民法第21條規定無行為能力人及限制行為能力人，以其法定代理人之住所為住所，故少年之住所應以其法定代理人之住所定之；又法定代理人之住所，依民法第20條第1項

---

24 民法第20條規定：「依一定事實，足認以久住之意思，住於一定之地域者，即為設定其住所於該地。一人同時不得有兩住所。」

之規定，依一定事實，足認以久住之意思，住於一定之地域者，即為設定其住所於該地，目前實務上一般係以本人之戶籍所在地為住所。

　　至於居所則係指少年臨時居住之處所，例如少年因求學而在外租屋居住，則其租屋之處所即為其居所；所在地則指少年身體實際所在之地點，例如少年至某地遊玩，則該地即為少年所在地，又少年如有因另案被收容於少年觀護所之情形，應以該觀護所為少年之所在地。

（二）移送管轄

　　除上開土地管轄之規定，依少年事件處理法第15條規定，少年法院就繫屬中之事件，經調查後認為以由其他有管轄權之少年法院處理，可使少年受更適當之保護者，得以裁定移送於該管少年法院；受移送之法院，不得再行移送，此項規定稱之為移送管轄。

　　移送管轄之規定乃在於數個少年法院對於同一少年保護事件均有管轄之權限時，如繫屬中之少年法院依調查之結果，認為其他有管轄權之少年法院，可使少年受到更為適當之保護時，為少年之最佳利益考量，得以裁定移送該管少年法院。

　　而為免數個少年法院間對於何法院行使少年得到更適當之保護發生歧見，導致事件在各少年法院間來回移送，致事件遲遲未能終結，特規定受移送之法院，不得再行移送。因此少年法院在作出此項移送時應慎重，必須經過實質之調查，而依調查之結果，有確實之理由，足信其他有管轄權之少年法院對於少年，可提供更為適當之保護時，始得為之。

（三）牽連管轄及競合管轄

　　依少年事件處理法第16條規定，刑事訴訟法第6條第1項、第2項、第7條及第8條前段之規定，於少年保護事件準用之。刑事訴訟法第6條第1

項、第2項係有關於牽連管轄之規定[25]，第7條係規定何謂相牽連案件[26]，第8條係有關於管轄競合之規定[27]，上開有關管轄之規定，均於少年保護事件中得以準用之。

又依少年保護事件審理細則第7條規定，少年法院對於保護事件管轄權之有無，除別有規定外，應以受理時為準，故如少年法院受理後住居所有所變更，對於少年法院之管轄不生影響，此即所謂之「管轄恆定原則」。

另依少年保護事件審理細則第8條規定，少年法院受理本法第3條第1項之事件，依調查結果，認無管轄權者，應以裁定移送於有管轄權之少年法院。

二、少年保護事件之調查

（一）調查之開始

少年保護事件之進行由調查程序開始，其開始之原因包括下列幾種：

1.報告

依少年事件處理法第17條規定，不論何人知有本法第3條第1款之事件者，均得向該管少年法院報告。此項報告為少年法院開始進行調查程序之原因之一，因此任何人不論與少年事件有無關聯，均可以就少年觸法事件，向少年法院提出報告，使少年法院得以知悉，而加以處理。

惟此處所稱之報告應僅有使少年法院知悉少年有觸犯刑罰法律之事實之意思為限，並無含有追訴少年觸犯刑罰行為責任之意思在內，故與刑事

---

25 刑事訴訟法第6條第1項、第2項規定：「數同級法院管轄之案件相牽連者，得合併由其中一法院管轄。前項情形，如各案件已繫屬於數法院者，經各該法院之同意，得以裁定將其案件移送於一法院合併審判之；有不同意者，由共同之直接上級法院裁定之。」
26 刑事訴訟法第7條規定：「有左列情形之一者，為相牽連之案件：一、一人犯數罪者。二、數人共犯一罪或數罪者。三、數人同時在同一處所各別犯罪者。四、犯與本罪有關係之藏匿人犯、湮滅證據、偽證、贓物各罪者。」
27 刑事訴訟法第8條規定：「同一案件繫屬於有管轄權之數法院者，由繫屬在先之法院審判之。但經共同之直接上級法院裁定，亦得由繫屬在後之法院審判之。」

訴訟法所稱之告發、告訴不同,因而為報告之人亦無成立刑法誣告罪之問題[28]。又此應特別注意者,報告雖係任何人均得為之,惟其僅限於少年之觸法事件,亦即少年有觸犯刑罰法律之情形下始得為之,如係少年曝險事件則不在此得以報告之範圍內。

2.移送

　　依少年事件處理法第18條第1項之規定,檢察官、司法警察官或法院於執行職務時,知有少年事件處理法第3條第1項第1款之事件者(即少年觸法事件),應移送該管少年法院。此項移送之規定亦為少年法院開始調查程序之原因之一,而與上開報告之規定不同,此項移送限於檢察官、司法警察官或法院,且其等得加以移送之範圍不限於少年觸法事件,亦包括少年曝險事件在內。

　　又最新修正之少年事件處理法第18條第8項規定,於中華民國112年7月1日前,司法警察官、檢察官、法院、對於少年有監督權人、少年之肄業學校、從事少年保護事業之機關或機構,發現少年有第3條第1項第2款之情形者,得移送或請求少年法院處理之。此乃因上開所述配合兒童權利公約施行法之施行,少年事件處理法最新之修正內容較為重要者包括強化少年保護之能量,將原來規定之少年虞犯改為「曝險少年」之觀念,並排除適用司法處遇之方式處理,而改採行「行政先行」之方式處理,由行政機關成立之少年輔導委員會進行輔導,惟此規定於民國112年7月1日開始施行,故而本項特別規定,在此之前,司法警察官、檢察官、法院,如發現少年有第3條第1項第2款情形者(即少年曝險行為),仍得以移送之方式,移送少年法院處理之。

　　一般而言,移送為開始調查最常見之情形,尤其以警察機關之移送為最大宗,警察調查犯罪行為,如發現犯罪嫌疑人在為犯罪行為時,尚未滿十八歲,則應移送少年法院,如其誤為移送檢察機關,則依少年事件處理

---

28 刑法第169條規定:「意圖他人受刑事或懲戒處分,向該管公務員誣告者,處七年以下有期徒刑。意圖他人受刑事或懲戒處分,而偽造、變造證據,或使用偽造、變造之證據者,亦同。」

法施行細則第7條第1項規定，檢察官於受理一般刑事案件後，發現被告於犯罪時未滿十八歲者，應移送該管少年法院，故檢察官應將案件移由少年法院行使先議權；但如此時被告已滿二十歲者，則不在此限，因少年於繫屬後年滿二十歲者，少年法院即應移送檢察官，故檢察官即不須再移送少年法院，以免移送後少年法院又再移送回檢察官，徒增無謂之往來。

3.請求

依照上開所述，最新修正之少年事件處理法第18條第8項規定，於中華民國112年7月1日前，司法警察官、檢察官、法院、對於少年有監督權人、少年之肄業學校、從事少年保護事業之機關或機構，發現少年有本法第3條第1項第2款之情形者，得移送或請求少年法院處理之。其中對於少年有監督權人、少年之肄業學校、從事少年保護事業之機關或機構，發現少年有第3條第1項第2款之情形者，係依照請求之方式請求少年法院處理之，與警察機關、檢察官、法院之移送少年法院處理之方式不同。

此項之規定亦為少年法院開始調查程序之原因之一，與上開報告及移送不同之處，為本項請求限於對於少年有監督權人、少年之肄業學校或從事少年保護事業之機構始得為之，且其範圍僅限於少年曝險事件，不包括少年觸法事件在內。

又所謂對於少年有監督權之人，係指少年之父母、監護人或其他依法對於少年有監督權限之個人；另少年肄業之學校及從事少年保護事業之機構，如財團法人臺灣更生保護會所設置之少年學苑等均屬之。上開個人或學校、機構如發現少年有少年曝險事件之情形，均得請求少年法院加以處理。

又此所稱之請求與刑事訴訟法所稱之請求意義不同，刑事訴訟法所稱之請求，係針對刑法所規定之請求乃論之罪[29]，受外國政府之請求而進行

---

29 依刑法第119條規定，刑法請求乃論之罪為刑法第116條及第118條之罪，刑法第116條係規定：「對於友邦元首或派至中華民國之外國代表，犯故意傷害罪、妨害自由罪或妨害名譽罪者，得加重其刑至三分之一。」第118條係規定：「意圖侮辱外國，而公然損壞、除去或污辱外國之國旗、國章者，處一年以下有期徒刑、拘役或九千元以下罰金。」

刑事之追訴，上開所謂請求僅係請求少年法院就少年曝險事件之行為加以處理，二者間自有所不同。

對於少年事件處理法規定之報告、移送或請求在運作上均應有一定之格式，故而因應上開少年事件處理法第17條之報告及第18條之移送或請求，少年保護事件審理細則第4條乃規定，報告及移送或請求應表明下列事項：（1）少年、少年之法定代理人或現在保護少年之人姓名、住居所、電話號碼，少年性別、出生年月日、出生地、國民身分證字號或其他足資辨別之特徵。（2）少年觸犯刑罰法律或有本法第3條第1項第2款各目之事實。（3）有關證據及可資參考之資料。本法第18條第1項之移送，應以書面為之。同法第17條之報告及第18條第8項之請求，得以書面或言詞為之；其以言詞為之者，報告人或請求人應就前項各款所列事項分別陳明，由書記官記明筆錄，交報告人或請求人簽名或按指印。少年法院為受理前項言詞報告或請求，得設置適當處所，並印製報告或請求之書面格式備用。

4.抗告法院之發回

少年法院對於少年事件所為之裁定，當事人或特定之人如有不服，得依規定向上級法院提起抗告，抗告之結果，如上級法院認為有理由者，則可能發回原作成裁定之少年法院更為適當之處理，故上級抗告法院之發回，亦為少年法院收案並開始進行調查程序之原因之一。

5.簽分

另外，在目前之司法實務上，少年法院之法官於從事少年保護事件之調查、審理或少年刑事案件之審判時，始發現少年另有其他之觸法或少年曝險事件，亦可以簽分新案之方式加以處理，此亦成為少年法院開始進行調查程序之原因之一。

（二）調查之進行

一般少年法院在經由上開報告、移送、請求或簽分之方式收受案件

後，會依其性質分案，於分案後隨即進行審前調查之工作，依少年事件處理法第19條第1項規定，應先由少年調查官調查該少年與事件有關之行為、其人之品格、經歷、身心狀況、家庭情形、社會環境、教育程度以及其他必要之事項，提出報告，並附具建議，此即所謂「少年調查官前置調查原則」。

少年調查官審前調查之事項，包括發生之觸法行為及少年曝險事件是否確為少年所為、少年之品性及性格為何、少年以往之經歷如何、少年目前之身體及心理之狀況為何，尤其是否有精神方面之疾病與其行為有相當之關係應特別注意，少年之家庭情形、少年所處之外在社會環境、少年所受教育之程度，以及其他任何有助於瞭解少年發生非行行為之個人背景等等均屬之。

上開所列事項與少年之行為息息相關，因而有必要加以瞭解，故少年調查官對於上開事項均應為必要之調查，之後並製作報告，且須附具具體之建議，交由少年法院法官作為進行調查程序後如何處理之重要參考依據。

又依少年事件處理法第19條第2項規定，少年調查官調查之結果，不得採為認定事實之唯一證據。此乃在避免少年法院法官過度仰賴少年調查官之調查資料，而忽略本身應盡之調查義務，同時亦使少年在對於少年調查官為陳述時，較能據實陳述事件之前因後果，不致因而有所保留。

惟依目前實務之見解，此少年調查官之前置調查程序並不具絕對性，如少年法院法官受理少年事件後，依現有之卷證資料，已可明確認定少年應為不付審理之裁定，在考量節省司法資源情況下，即無再從事審前調查之必要，而得不經少年調查官之調查，逕為不付審理之裁定[30]。

---

30 依目前實務見解認為：「按審前調查主要目的，係在提供非行少年的人格特質及其家庭、生活及學習或工作等狀況，協助法官瞭解少年生活環境、交友狀況，並發掘其偏差行為下所隱藏之特殊因素等，以供法官經調查認少年有非行事實後，應裁處何種保護處分項之參考依據，至於少年是否確有非行事實，並非調查之目的，且若未進入實質調查或審理程序根本無參考之必要，故法官如收案後，發現有顯不付審理之理由時，如警察移送少年施用K他命，惟卷內僅有少年之自白，並無其他證據可佐，而少年之驗尿報

少年調查官進行調查時,如有必要與少年、少年之法定代理人或現在保護少年之人及其他關係人談話時,得採取二種方式:一為至少年所在地進行現場之訪談,一為以通知書傳喚少年到少年法院進行談話。究採何種方式,則由少年調查官依少年個案之具體情形決定之。又談話時並得加以錄音及製作談話筆錄,筆錄由陳述人簽名或按指印,上開錄音、筆錄及嗣後所作之調查報告,少年法院於日後審理少年保護事件時,經踐行證據調查程序後,得作為裁定之依據。又因應現今通訊科技之進步,並為節省少年調查官之時間起見,上開所稱之現場談話,少年調查官於必要時,亦得以電話或其他科技設備為之,並製作談話紀錄或留存談話往來紀錄,此類紀錄於少年法院日後進行審理時,經踐行證據調查程序並經當事人承認者,亦得作為裁定之依據。

故而少年保護事件審理細則第21條規定:「少年調查官依本法第十九條第一項為調查時,除有事實足認顯無必要或有礙難情事者外,應進行訪視;須與少年、少年之法定代理人或現在保護少年之人及其他關係人談話時,得以通知書傳喚到場會談。為前項訪視或會談時,得錄音及製作筆錄;筆錄由陳述人簽名或按指印。少年調查官於必要時,得以電話或其他科技設備進行第一項之談話,並製作談話紀錄或留存談話往來紀錄。」

又應注意者,少年觸犯之刑罰法律如係施用第一級毒品或第二級毒品,屬於違反毒品危害防制條例第10條之案件,則因毒品危害防制條例第20條第1項係少年事件處理法之特別規定,得予優先適用,故除非少年法院法官認為少年仍以依少年事件處理法處理為適當者外,應依該條項之規定由少年法院(或地方法院少年法庭)裁定令少年入勒戒處所進行觀察、勒戒,此時即無再命少年調查官作審前調查之必要。

告呈毒品陰性反應之情形或有少年保護事件審理細則第21條第1至4款所定應諭知不付審理之裁定等情事,因不需進入實質調查即可判斷應諭知不付審理,若認仍需強制交付審前調查,顯然浪費司法資源,亦無法達成審前調查之目的,故應肯認法官在此情況下得不交付審前調查。」參見96年少年法院(庭)庭長法官業務研討會法律問題提案第5號。

1.傳喚

　　依少年事件處理法第21條第1項規定，少年法院之法官或少年調查官對於事件之調查，於必要時，得傳喚少年、少年之法定代理人或現在保護少年之人到場。依此規定傳喚之對象不限於少年本身，尚包括少年之法定代理人及現在保護少年之人。少年之法定代理人以民法之規定定之，惟所稱現在保護少年之人並無相關規定足資認定，且現在保護少年之人是否限於成年人亦有疑問。關於此問題目前實務上傾向於認為「現在保護少年之人」應以成年人為限，未成年人不得擔任現在保護少年之人[31]。

　　又依少年事件處理法第21條第2項規定，在傳喚少年等人進行上開調查時，應於相當期日前將調查之日、時及處所通知少年之輔佐人，此規定在於讓輔佐人有機會於調查時表示其意見，以發揮輔佐人之功能。

　　上開之傳喚，應用通知書，記載下列事項，由法官簽名；其由少年調查官傳喚者，由少年調查官簽名：（1）被傳喚人之姓名、性別、年齡、出生地及住居所。（2）事由。（3）應到場之日、時及處所。（4）無正當理由不到場者，得強制其同行。

　　傳喚通知書中關於傳喚人之姓名、性別、年齡、出生地及住居所之記載主要在於表明被傳喚人為何人，以免發生錯誤；事由之記載則在於使少年能事先知悉被傳喚之原因，所能預作準備；應到場之日、時及處所之記載則在使被傳喚人能按規定履行到場之義務；至於無正當理由不到場者得強制其同行之記載，則在於促使被傳喚人依法到場進行程序，以免受到同行之強制處分。

　　又依少年事件處理法第21條第3項規定，傳喚通知書應送達於被傳喚人，至於送達之方式則應準用刑事訴訟法有關送達之規定。

---

31 我國目前實務見解依司法院（83）廳刑一字第07077號函示內容係認為：「少年事件處理法所稱現在保護少年之人，固未規定須為成年人，但綜觀該法有關『現在保護少年之人』其所得享之權利，與應盡之義務，亦與法定代理人併列，少年父母不能行使，負擔對其未成年子女之權利義務，本應置監護人，而少年之姊僅十九歲，不得為成年人，不得為監護人，應亦不得視為少年事件處理法所稱現在保護少年之人，以免其權利行使不當，義務負擔過重，始較合乎立法本旨。」參見司法院公報第36卷第8期，頁85。

2.同行

（1）一般同行

少年、少年之法定代理人或現在保護少年之人，經合法傳喚，無正當理由不到場者，少年法院法官得依職權或依少年調查官之請求發同行書，強制其到場，少年事件處理法第22條第1項前段定有明文，此即為一般同行之規定。此項情形類似於刑事訴訟法中規定被告經合法傳喚未到庭得予以拘提之規定，惟在少年事件處理法中不稱之為「拘提」，而稱之為「同行」，以資與刑事訴訟法對於成年犯罪人之拘提加以區別。

惟有疑問者，少年事件仍在警方調查中，尚未移送法院時，警方得否於通知少年到場詢問，而在少年經合法通知無正當理由不到場之情況下，報請少年法庭法官核發同行書，將少年同行到場。關於此問題目前實務見解係採取否定說，認為少年事件尚未經移送少年法院處理前不得對於少年發同行書[32]。

（2）逕行同行

依少年事件處理法第22條第1項但書規定：「少年有刑事訴訟法第七十六條所列各款情形之一，少年法院法官並認為必要時，得不經傳喚，

---

[32] 目前實務見解認為：「少年事件處理法第22條第1項固規定：『少年、少年之法定代理人或現在保護少年之人，經合法傳喚，無正當理由不到場者，少年法院法官得依職權或依少年調查官之請求發同行書，強制其到場。但少年有刑事訴訟法第七十六條所列各款情形之一，少年法院法官並認為必要時，得不經傳喚，逕發同行書，強制其到場。』賦予少年法庭法官核發同行書之權，惟此係在少年法庭業已受理警方或相關單位及個人之報告或移送而成案，定期調查通知少年到場，而少年經合法通知而無正當理由未到時，始能發同行書，並非謂少年事件在警方調查中，尚未移送法院時，法官即得依警方之聲請核發同行書。且觀之少年法院（庭）與司法警察機關處理少年事件聯繫辦法第4條第1項規定：『司法警察機關逮捕、拘提少年，應自逮捕、拘提時起二十四小時內，指派妥適人員，將少年連同卷證，送請少年法院（庭）處理。但法官命其即時解送者，應即解送。』該規定係使用『拘提』少年之用語，而非『同行』少年；另徵諸『同行』本身亦係對人身自由之一種限制，核屬強制處分無疑，是法律既未明文規定賦予少年法庭法官於此際得依警方之聲請核發同行書，自不得違法而剝奪少年之人身自由。綜上，少年事件在警方調查中，尚未移送法院時，警察只能向檢察官報請核發拘票以拘提少年，不得向少年法庭法官報請核發同行書。」參見司法院第1期少年法院（庭）庭長、法官業務研討會研究專輯，2003年12月，頁101至125。

逕發同行書，強制其到場。」此乃逕行同行之規定，依此規定如少年有而有下列情形之一者[33]：①無一定之住所或居所者。②逃亡或有事實足認為有逃亡之虞者。③有事實足認為有湮滅、偽造、變造證據或勾串共犯或證人之虞者。④所犯為死刑、無期徒刑或最輕本刑為五年以上有期徒刑之罪者；且法官認為有必要時，得不經過傳喚之程序，逕行對於少年發同行書，強制少年到場[34]。應注意者，得逕行同行之對象僅及於少年本身，並不包括少年之法定代理人或現在保護少年之人。

　　此項規定基本上係承襲刑事訴訟法第76條有關逕行拘提之規定[35]，惟少年事件處理法對於少年既係以保護為原則，而非重在國家刑罰權之實現，則是否有採用此強制處分規定之必要，恐有進一步研議之空間。

（3）同行之要式性

　　依少年事件處理法第22條第2項規定，同行書應記載下列事項，由法官簽名：①應同行人之姓名、性別、年齡、出生地、國民身分證字號、住居所及其他足資辨別之特徵。但年齡、出生地、國民身分證字號或住居所不明者，得免記載。②事由。③應與執行人同行到達之處所。④執行同行之期限。惟此應注意者，僅有法官有簽發同行書之權限，少年調查官則不得簽發同行書。

　　同行書有關應同行人之姓名、性別、年齡、出生地、國民身分證字號、住居所及其他足資辨別之特徵之記載，主要在於避免執行同行時對象錯誤，造成他人之人身自由之損害；事由之記載則為使執行同行之人及被

---

[33] 刑事訴訟法第76條規定：「被告犯罪嫌疑重大，而有下列情形之一者，必要時，得不經傳喚逕行拘提：一、無一定之住、居所者。二、逃亡或有事實足認為有逃亡之虞者。三、有事實足認為有湮滅、偽造、變造證據或勾串共犯或證人之虞者。四、所犯為死刑、無期徒刑或最輕本刑為五年以上有期徒刑之罪者。」

[34] 論者有謂逕行同行之規定，將少年不經傳喚強制到場之條件比照一般刑事被告逕行拘提之條件，甚為不妥，認為應參考日本少年法之規定，難有保護少年之緊急狀態存在及有保護其利益之必要者，如得不經傳喚，而逕行對於少年發同行書，以保障少年之權益。參見黃翰義著，從日本少年法之理論與實務析論我國少年事件處理法關於少年保護事件之修正，法官協會雜誌第9卷第2期，頁212。

[35] 同前揭註33。

執行同行之人均得以瞭解同行之原因；應與執行人同行到達之處所之記載，則在於表明被執行同行之人應被送往之地點；至於執行同行之期限則在於限定同行執行之期間，以免同行書之效力無限期延續。

（4）同行書之執行

上開同行書之執行，依少年事件處理法第23條規定，由執達員、司法警察官或司法警察為之；同行書應備三聯，執行同行時，應各以一聯交應同行人及其指定之親友，並應注意同行人之身體及名譽，惟如應同行人不願或無法指定親友者，應記明筆錄或於同行書上註記事由。

又依少年保護事件審理細則第16條規定，執行同行認有必要時，得檢查應同行人之身體；檢查婦女之身體，應命婦女行之，但不能由婦女行之者，不在此限。

執行同行後，執行人員則應於同行書內記載執行之處所及年、月、日；如不能執行者，則記載其情形，並由執行人簽名後提出於少年法院。

3.協尋

（1）協尋之要件

依少年事件處理法第23條之1第1項規定，少年行蹤不明時，少年法院得通知各地區少年法院、檢察官、司法警察機關協尋之。因此協尋係在少年行蹤不明，無法令其到場進行調查程序時之做法。協尋與刑事訴訟法所規定之通緝類似，惟在少年事件處理法中稱之為協尋，以資與刑事訴訟法中成年人犯罪之通緝作區別。刑事訴訟法之通緝以被告逃匿為要件，實務上先經過拘提之程序，始進行通緝，惟協尋則不以先經同行為要件，只要可確定少年行蹤不明即可為之。惟應注意者，協尋與逕行同行相同，僅得對於少年為之，而不得對於少年之法定代理人或現在保護少年之人為之。

（2）不得公開

與刑事訴訟法所規定之通緝不同者，協尋不得公告、登載報紙，或以其他方法公開之，此規定主要在於保護少年之隱私及名譽，避免因此影響

少年將來之發展。

（3）協尋之要式性

　　依少年事件處理法第23條之1第2項規定，協尋少年，應使用協尋書，此為協尋之要式性。協尋書應記載下列事項，由法官簽名：①少年之姓名、性別、年齡、出生地、國民身分證字號、住居所及其他足資辨別之特徵。但年齡、出生地、國民身分證字號或住居所不明者，得免記載。②事件之內容。③協尋之理由。④應護送之處所。

　　協尋書關於少年之姓名、性別、年齡、出生地、國民身分證字號、住居所及其他足資辨別之特徵之記載在於使協尋之機關能明確認定應受協尋之少年，以免發生錯誤，導致他人身體自由受損；事件之內容之記載在於表明少年應何原因受到協尋；協尋理由之記載，在於使執行協尋之機關及少年知悉其係因違反法定到場義務而受協尋之強制處分；至於應護送之處所則在於使尋獲少年時得以知悉應護送前往之地點。

（4）尋獲之處理

　　少年經協尋之程序而尋獲之後，少年調查官、檢察官、司法警察官或司法警察，得逕行護送少年至應到之處所，此應到之處所即為上開協尋書所載，應護送之處所。

（5）協尋之撤銷

　　少年事件處理法第23條之1第4項規定撤銷協尋之情形，協尋於其原因消滅或顯無必要時，應即撤銷；所謂原因消滅指少年已經協尋到場之情形，此時應發予歸案證明書；而所謂顯無必要則應視個別事件進行之狀況，認為顯然已無必要強制少年到場必要之情形。又依少年事件處理法第23條之1第4項規定，撤銷協尋之通知，準用關於同條第1項通知協尋之規定，故撤銷協尋應即通知各地區少年法院、檢察官、司法警察機關，且不得公開為之。

4.少年到場後之處置

　　依少年事件處理法第26條規定，少年經隨案移送或經同行、協尋之程序到場後，少年法院於必要時，得以裁定方式，對於少年為下列方式之處置：

（1）責付

　　依少年事件處理法第26條第1款規定，少年法院得以裁定，將少年責付於少年之法定代理人、家長、最近親屬、現在保護少年之人或其他適當之機關（構）、團體或個人，並得在事件終結前，交付少年調查官為適當之輔導。所謂適當之機關、團體，例如轄區內之青少年觀護協會或其他更生保護團體均屬之，少年法院得在事先建立相關機關、團體之名冊，遇有少年法定代理人、家長、最近親屬一時無法聯絡時，得以將少年責付予該等團體，以符合實際之需求。又除對於少年予以責付外，在事件終結前，亦得將少年交付少年調查官為適當之輔導，此即實務上所稱之「急速輔導」，創設急速輔導制度之目的，乃在於保護、輔導或管束非行少年，重在此時此地之時效性，倘每一保護事件，均等待少年法院審結、確定及移送執行後，始由少年保護官開始執行各該保護處分，顯已失去輔導之先機，故急速輔導有補少年司法之保護處分確定後始能執行的緩不濟急之不足，及增進與銜接日後保護處分開始執行之輔導效果。

　　急速輔導係民國86年修正少年事件處理法所創設之規定，其立意甚佳，然由於規定之內容簡略，故在實際運作上亦產生一些問題，包括急速輔導裁定中法官是否應具體裁示執行內容，若法官未予載明，調查官將依何執行等等。就此依少年保護事件審理細則第17條第3項、第4項之規定，少年法院得依少年之需要，就輔導方法為適當之指示，並得準用有關保護管束之規定，且於事件終結前，少年調查官應提出輔導報告。另若少年於急速輔導期間不服執行將如何處置方可收急速輔導成效亦有問題，對此實務見解認為，似可類推適用少年事件處理法第44條第4項之規定，即少年法院得依職權或少年調查官之請求，變更輔導期間或停止輔導，並開庭調

查是否有責付為顯不適當而需收容之情形[36]。

（2）收容

依少年事件處理法第26條第2款規定，少年法院認為有必要時，得命將少年收容於少年觀護所進行身心評估及行為觀察，並提供鑑別報告。但以不能責付或以責付為顯不適當，而需收容者為限；少年、其法定代理人、現在保護少年之人或輔佐人，得隨時向少年法院聲請責付，以停止收容。

少年之「收容」與刑事訴訟法規定一般被告之「羈押」概念相類似，均為拘束人身自由於一定處所之強制處分，惟少年畢竟與一般被告不同，故而特別規定，少年收容於少年觀護所須進行身心評估及行為觀察，並提供鑑別報告，以資與一般之羈押單純限制被告之人身自由有別，因此，少年之收容除限制其人身自由外，更重要之目的在於對其進行身心評估及行為觀察，因此少年觀護所對於收容之少年必須基於心理學、醫學、教育學及社會學等專門之知識，對於收容之少年進行身心各方面之評估及對於少年之行為加以觀察，以此方式對於少年個人進行鑑別，以作為少年法院將來審理少年事件時之重要參考依據。

又對於少年之收容，以不能責付或以責付為顯不適當，而需收容者為限；此乃因收容之處分，對於少年基本權利之干預甚為嚴重，故而少年法院之法官應盡量以責付為處分之方式，避免任意使用收容之手段，剝奪少年之人身自由，而對於少年日後之身心發展產生障礙，此當非少年事件處理法立法之目的，故而非不得已之情形，不輕易作出收容之裁定。而所謂不能責付，係指一時之間無法找到少年之法定代理人或其他得責付之個人

---

[36] 依我國目前實務見解認為：「可類推適用少年事件處理法第44條第4項規定，即少年法院得依職權或少年調查官之請求變更觀察期間或停止觀察，並得開庭調查是否有新事實，足認責付為顯不適當而需收容之情形，再命將少年收容於少年觀護所。此部分建議修法，參照交付觀察之規定，增訂之，在未修法前，允宜類推適用少年事件處理法第44條第4項規定，變更觀察期間或停止觀察，並得重新調查審酌有無再命收容少年之必要。」參見94年少年法院（庭）庭長法官業務研討會法律問題提案第3號。

或團體，或上開得責付之人均不願為少年辦理責付之情形而言；至所謂責付顯不適當，指依少年所犯不法行為之情節及少年本身之個別狀況，不適合將少年責付，而應予以收容較當之情形，此自應由少年法院之法官依具體個案加以審酌。又少年經收容之裁定加以收容後，少年、其法定代理人、現在保護少年之人或輔佐人，得隨時向少年法院聲請責付，以停止收容。

另收容依少年事件處理法第26條之1第1項規定，係屬要式性，應使用收容書，又依同條第2項之規定，收容書應記載下列事項，由法官簽名：①少年之姓名、性別、年齡、出生地、國民身分證字號、住居所及其他足資辨別之特徵。但年齡、出生地、國民身分證字號或住居所不明者，得免記載。②事件之內容。③收容之理由。④應收容之處所。

又依少年事件處理法第26條之1第3項規定，第23條第2項之規定於執行收容準用之，依此準用之結果，收容書應備三聯，執行收容時，應各以一聯交應收容人及其指定之親友，並應注意收容人之身體及名譽。

收容因係對於少年基本人身自由之重大干預，故收容之期間少年事件處理法設有限制之規定，依少年事件處理法第26條之2第1項前段之規定，收容少年之期間，調查或審理中均不得逾二月，但有繼續收容之必要者，得於期間未滿前，由少年法院裁定延長之；延長收容期間不得逾一月，以一次為限，故在調查或審理中，收容少年之期間最長為三個月。

又收容之原因消滅時，應將命收容之裁定撤銷之，此為少年事件處理法第26條之2第1項後段所明定，所謂收容之原因消滅，指原來裁定收容之原因已不存在，而認為無再繼續收容之必要，此時不得收容之期間屆滿，即可將少年釋放。又依少年保護事件審理細則第61條規定，收容於少年觀護所之少年，如經諭知不付審理、不付保護處分或訓誡者，視為撤銷收容，此時即應將收容之少年釋放，惟如裁定經提起抗告者，於抗告期間得命責付。

事件經抗告者，抗告法院之收容期間，自卷宗及證物送交之日起算，事件如經抗告後發回者，其收容及延長收容之期間，應更新計算。裁定後

送交抗告前之收容期間，究應算入原審法院或抗告法院恐有爭議，故少年事件處理法第26條之2第4項明定此收容之期間，算入原審法院之收容期間內。

　　少年收容之處所為少年觀護所，少年事件處理法第26條之2第6項特別規定，少年觀護所之組織另以法律定之，因而立法院特別另行制定「少年觀護所設置及實施通則」以資適用[37]。

（4）請回

　　少年到場後，少年法院認為少年並無責付、急速輔導及收容之必要時，則得逕令少年離開，以往實務上均稱之為「飭回」，惟為表尊重現均已改稱為「請回」。

5.調查不公開

　　依少年事件處理法第34條規定，少年保護事件之調查程序原則上不公開，但得許少年之親屬、學校教師、從事少年保護事業之人或其他認為相當之人在場旁聽。

　　此一規定旨在保護少年，因少年在調查階段，其非行之行為尚非明朗，且應如何處置亦不明，故如調查之程序加以公開，經媒體之披露，恐怕對於少年將來之身心發展及情緒有所影響，故特別規定調查程序不公開，此與一般民刑事訴訟程序規定原則上均應公開審理有所不同[38]。

　　惟因少年之親屬、學校教師、從事少年保護事業之人或其他認為相當之人，或因將來教養少年之需要，或因將來輔導、教育少年之必要，或因對於少年之非行有研究及瞭解之需求，故特別允許其等在少年法院進行調查程序時在場旁聽。

---

37 最新少年觀護所設置及實施通則於民國96年7月11日修正公布施行，計37條，分別規定少年觀護所之組織及對於少年觀護之執行及應注意之事項。

38 法院組織法第86條規定：「訴訟之辯論及裁判之宣示，應公開法庭行之。但有妨害國家安全、公共秩序或善良風俗之虞時，法院得決定不予公開。」

6.協助請求權

依少年事件處理法第25條規定，少年法院因執行職務，得請警察機關、自治團體、學校、醫院或其他機關、團體為必要之協助。蓋少年法院處理少年事件，係出於教育及保護之目的，並非單純懲罰，故少年法院在進行少年事件時，時有需要其他機關蒐集相關資料或提供評估之意見，幫助少年法院對於少年做出正確之處理決定，因而特別規定少年法院得要求上開機關給予必要之協助。

（三）調查之停止

依少年保護事件審理細則第24條第1項規定，同一少年同時有本法第3條第1項第1款、第2款之二件以上事件繫屬，少年法院依調查或審理結果，將第1款之事件裁定移送檢察官者，在少年刑事案件處分或裁判確定前，少年法院得停止少年保護事件之調查。故同一少年如同時有「觸法事件」與「曝險事件」存在，或同時有二件以上之「觸法事件」存在時，如其中有一觸法事件經裁定移送檢察官偵查時，其他事件之調查程序則可以停止進行，此乃因少年受移送檢察官偵查，其後受到刑事追訴之可能性頗大，其如受有刑事之處分，即無必要再施以保護處分之必要，故先停止調查程序，俟刑事偵查及審判之結果再決定如何進行。

（四）證據準用之規定

少年事件處理法在保護事件之調查程序中，並無關於證據及搜索、扣押等強制處分之特別規定，因而少年事件處理法第24條即規定，刑事訴訟法關於人證、鑑定、通譯、勘驗、證據保全、搜索及扣押之規定，於少年保護事件性質不相違反者準用之。依此規定，刑事訴訟法中有關於人證、鑑定、通譯、勘驗、證據保全、搜索及扣押等強制處分之規定，只要性質上與少年保護事件之調查程序不相違背者，均可於調查程序中加以適用。

所謂人證，包括被告、證人及鑑定人，係指以人之知識經驗為內容

之證據方法，故須以口頭陳述方式為之[39]。一般而言，刑事之證據包括人證、書證及物證，此處僅稱人證而未規定書證及物證，應係立法之疏漏，應於將來修法時加以修正為宜。又所謂鑑定，乃鑑定人就待證事實，提供其專業之意見，此與證人係以其親身經歷為陳述之內容不同[40]。至於勘驗則係指法官或檢察官以親身之感知，對於犯罪有關事項予以調查之方法[41]。至於證據保全則係預定之供調查之證據，有遭湮滅、偽造、變造、藏匿或礙難使用之虞時，由特定人向法官或檢察官提出要求做出一定保全處分[42]。另外，搜索及扣押均係犯罪偵查過程中強制處分之手段，搜索係對於人之身體、處所或物件為發現真實所做之強制處分，其種類有一般搜索、附帶搜索、逕行搜索（又稱緊急搜索）及同意搜索等方式[43]；至於扣押則係以保全證據為目的對於物實施占有之強制處分[44]。

目前實務上就有關何項規定在性質上與少年保護事件之調查程序不相違背，而可適用刑事訴訟法相關規定，仍須依具體個案予以認定及處理，並無一定之見解可資依循，因此實務上亦常發生適用上之爭議。

例如少年保護事件可否準用新修正刑事訴訟法關於證人交互詰問規定即有疑問，針對此一問題，目前實務上傾向採取否定說，認為少年保護事件並無交互詰問規定之適用[45]。又如少年參加該組織並涉嫌持有管制槍械，認有搜索之必要，得否向少年法院（庭）聲請核發搜索票，實務上則

39 參見張麗卿著，刑事訴訟法理論與運用，五南圖書出版，2007年1月，頁366。

40 同上註，頁382。

41 同上註，頁396。

42 刑事證據之保全規定於刑事訴訟法第219條之1及第219條之2，其中第219條之1規定：「告訴人、犯罪嫌疑人、被告或辯護人於證據有湮滅、偽造、變造、隱匿或礙難使用之虞時，偵查中得聲請檢察官為搜索、扣押、鑑定、勘驗、訊問證人或其他必要之保全處分。檢察官受理前項聲請，除認其為不合法或無理由予以駁回者外，應於五日內為保全處分。檢察官駁回前項聲請或未於前項期間內為保全處分者，聲請人得逕向該管法院聲請保全證據。」第219條之2規定：「法院對於前條第三項之聲請，於裁定前應徵詢檢察官之意見，認為不合法律上之程式或法律上不應准許或無理由者，應以裁定駁回之。但其不合法律上之程式可以補正者，應定期間先命補正。法院認為聲請有理由者，應為准許保全證據之裁定。前二項裁定，不得抗告。」

43 搜索相關規定見刑事訴訟法第122條至第132條之1。

44 扣押之規定見刑事訴訟法第133條至第153條。

45 參見少年法院（庭）庭長、法官第6、7、8期專業講習會研究合輯，頁867。

並未達成共識，有認為得向少年法院聲請搜索票者，亦有認為不得向少年法院聲請搜索票者[46]。

　　因此有關少年保護事件調查程序中適用刑事訴訟法有關證據及搜索、扣押強制處分之範圍，恐尚待實務經過一段期間之運作後，能有較為明確之見解。

（五）調查後之處理

　　少年法院對於少年進行調查之程序後，其處理之方式有下列幾種：

1.移送檢察官

　　少年法院對於少年進行調查程序後，得以裁定將少年移送檢察官偵查，其情形可分為下列二種：

（1）應移送檢察官

　　依少年事件處理法第27條第1項規定，少年法院經調查後認為少年觸犯刑罰法律，且有下列情形之一者，應以裁定移送於有管轄權之檢察署檢察官：①犯最輕本刑為五年以上有期徒刑之罪者。②事件繫屬後已滿二十歲者。

　　依此項規定，少年法院如進行調查後認為少年確有觸犯刑罰法律，且有犯最輕本刑為五年以上有期徒刑之罪，或事件繫屬後已滿二十歲之情形之一時，即「應」將案件移送檢察官偵查，此時少年法院法官對於應否移送檢察官並無裁量之權限，故此種案件又稱之為「絕對刑事案件」。有應注意者，實務上認為移送檢察官偵查仍以有相當之證據認為少年有觸犯刑罰法律之行為為前提，並非少年於繫屬後一有滿二十歲之情形，即應移送檢察官偵查[47]。

---

46 參見96年少年法院（庭）庭長法官業務研討會法律問題提案第3號。

47 實務上採肯定說者認為：「按刑事訴訟法關於搜索之規定，於少年保護事件性質不相違反者，準用之，為少年事件處理法第24條所明定。少年觸法事件之類型既專屬少年法院（庭）管轄，而有關少年法院（庭）與警察機關處理少年事件相關業務聯繫之規範事項，亦定有少年法院（庭）與司法警察機關處理少年事件聯繫辦法以供遵循。故少年

（2）得移送檢察官

少年事件處理法第27條第2項規定，除有上開所述「應」移送檢察官之情形外，少年法院依調查之結果，認為少年之犯罪情節重大，參酌其品行、性格、經歷等情狀，以受刑事處分為適當者，「得」以裁定移送於有管轄權之檢察署檢察官。

依此規定，少年法院法官就少年具體個案之情形，亦得行使其裁量權，在考量上述所列之各項因素後，決定是否裁定將少年移送檢察官偵查，故此種案件稱之為「相對刑事案件」。

又依少年事件處理法第27條第3項規定，上開二項「應」及「得」移送檢察官偵查之情形，於少年犯罪時未滿十四歲者，不適用之。此乃因刑法第18條第1項規定未滿十四歲人之行為不罰，故未滿十四歲之人並無刑事責任能力，自不得移送檢察官進行刑事之追訴。

2.不付審理

少年法院對於少年進行調查之程序後，亦得裁定不付審理，其情形可分為二種：

（1）應不付審理

依少年事件處理法第28條第1項規定，少年法院依調查之結果，認為無付保護處分之原因或以其他事由不應付審理者，應為不付審理之裁定。依此規定，少年法院經調查後，應不付審理之情形有二種，第一種為無付保護處分之原因，第二種為以其他事由不應付審理。

其中第一種情形所稱無保護處分之事由，一般係指少年之行為並不構成犯罪或並無曝險之事實存在等情形者而言，此時少年既無觸犯刑罰法律或有曝險之行為，自無加以審理之必要，故應為不付審理之裁定。

法院（庭）之法官應依準用刑事訴訟法第128條之1第2項規定之意旨，依法審酌核發與否。」採否定說者則認為：「司法警察應逕依刑事訴訟法第128條之1第2項之規定，報請檢察官許可後，向法院（刑事庭）聲請核發搜索票，而非由少年法院（庭）法官處理。」參見96年少年法院（庭）庭長法官業務研討會法律問題提案第2號。

　　至於第二種所謂其他事由，並無明確之適用規定，此一種情形主要考量少年有無進行保護處分之必要性，若認為少年雖有觸犯刑罰法律之行為或有曝險之事實，惟其情節尚未嚴重至須動用少年司法之資源加以處理，或有特定之情形存在而認為少年已無再加以保護處分之必要或事實上無法進行保護處分，則少年法院亦應裁定不付審理[48]，用以避免浪費司法處遇之資源。此項不付審理之裁定係取決於少年法院法官對於個別少年在個別事件之裁量決定，實際運作時可參考少年保護事件審理細則第24條及第30條之規定加以處理。

　　依少年保護事件審理細則第24條規定，同一少年同時有本法第3條第1項第1款、第2款之二件以上事件繫屬之情形，而少年經受有期徒刑以上刑之宣告確定，少年法院除認有另付保護處分之必要者外，得依本法第28條第1項以其他事由不應付審理或依第41條第1項以事件不宜付保護處分為由，裁定諭知不付審理。

　　又依少年保護事件審理細則第30條規定，少年法院依調查結果，認為有下列情形之一者，應諭知不付審理之裁定：①報告、移送或請求之要件不備，而無法補正或不遵限補正。②本法第3條第1項第1款之事件，如屬告訴乃論之罪未經告訴或其告訴已經撤回或已逾告訴期間，而於裁定前已滿二十一歲。③少年有本法第3條第1項第2款或於未滿十四歲時有該項第1款之事件，裁定前少年已滿二十一歲[49]。④同一事件，業經有管轄權之少年法院為實體上之裁定確定[50]。⑤少年因另受感化教育處分之裁判確定，無再受其他保護處分執行之必要。⑥少年現居國外，於滿二十一歲前無法

---

48 參見李茂生著，新少年事件處理法的立法基本策略，臺大法學論叢第28卷第2期，1999年1月，頁73。

49 此乃因少年曝險事件並非犯罪行為，不得移送檢察官偵查，而保護處分至多執行至滿二十一歲止，故有本款之規定。

50 實務上認為，少年保護事件審理細則第21條第4款之同一事件，係指同一時間同一行為而言，不及於裁判上一罪之案件（所謂裁判上一罪原包括想像競合犯、牽連犯及連續犯，惟民國95年7月1日刑法修正時已刪除牽連犯及連續犯之規定，故目前所稱之裁判上一罪僅指想像競合犯而言）。參見少年法院（庭）庭長、法官第3、4、5期專業講習會研究專輯，2000年12月，頁428。

回國，事實上無法進行調查；或罹疾病，短期內顯難痊癒，無法受保護處分之執行；或已死亡。⑦其他不應或不宜付審理之事由。

　　另外依少年事件處理法第28條第2項規定，如少年有心神喪失之情形[51]，則應裁定不付審理，並得令少年入相當處所實施治療。有關治療之期間少年事件處理法中並未進一步加以規定，似可依少年事件處理法第1條之1後段規定，適用刑法第87條第3項之規定，亦即治療之期間為五年以下，但執行中認無繼續執行之必要者，法院得免其處分之執行。

　　惟此有問題者乃所謂少年有心神喪失之情形，究係指少年於行為時有心神喪失之情形，抑或指少年於調查時有心神喪失之情形，如係前者，則應以無保護處分之原因而裁定不付審理[52]，如屬後者則似應以其他事由而為不付審理之裁定，此觀之目前實務之見解均未對此表示意見，恐須在將來修法時予以明確規定，以杜爭議。

（2）得不付審理，並為一定之處分

　　少年法院依少年調查官調查之結果，認為少年之非行情節輕微，尚無進行保護處分之必要，而以不付審理較為適當時，得為不付審理之裁定。此一規定與上開應不付審理之情形不同，係認為少年確有觸法行為或曝險之行為，僅因其行為之情節輕微，或犯罪之危害甚輕，而認為無必要運用少年司法之保護處分方式加以處置，因而裁定不付審理。

　　惟因此類之事件仍有輕微之須保護性存在[53]，故依少年事件處理法第29條第1項之規定，在為上開不付審理之裁定同時，得視情況而為下列處分：①告誡。②交付少年之法定代理人或現在保護少年之人嚴加管教。③轉介福利、教養機構、醫療機構、執行過渡性教育措施或其他適當措施之

---

51 心神喪失係舊刑法規定之用語，依民國95年7月1日施行之刑法第19條第1項規定，係使用「精神障礙或其他心智缺陷，致不能辨識其行為違法或欠缺依其辨識而行為之能力」之用語，因而少年事件處理法第28條第2項規定之用語，有隨刑法之規定作修正必要。

52 因此種情形少年並無刑事責任能力，無法令其負刑罰之責，故屬無保護處分之原因，此觀之刑法第19條第1項規定：「行為時因精神障礙或其他心智缺陷，致不能辨識其行為違法或欠缺依其辨識而行為之能力者，不罰。」自明。

53 同前揭註48。

處所為適當之輔導[54]。

　　上開第1款規定又稱為「轉介處分」，目前司法實務認為此一裁定不付審理，並轉介少年福利或教養機構為適當輔導之處理方式，與一般少年法制先進國家所稱「轉向」處遇之精神相當，均在避免情節輕微之少年過早進入司法程序中而受到「貼標籤」之傷害[55]，以致影響其將來之身心發展，屬於立意良善之規定，惟實際運作上，仍有賴社會上建立完善之福利或教養機構作為後盾，始能達到立法之目的。

　　依少年事件處理法第29條第2項規定，上開第1項之處分，均交由少年調查官執行之。此規定乃在明定有關告誡、交付少年之法定代理人或現在保護少年之人嚴加管教及轉介之處分，其負責執行之人為少年法院之少年調查官，以茲確立執行之權責。

　　又依少年事件處理法第29條第3項規定，少年法院在為上開得不付審理之裁定前，得斟酌情形，經少年、少年之法定代理人及被害人之同意，轉介適當機關、機構、團體或個人進行修復，或使少年為下列各款事項：①向被害人道歉。②立悔過書。③對被害人之損害負賠償責任。其中有關轉介適當機關、機構、團體或個人進行修復之規定，係最新修正之少年事件處理法所規定，此即所謂「修復式司法」之機制，其立法目的在於保護少年之同時，亦兼顧被害人之權益規定，使少年及被害人雙方，均能經由修復之程序，回復到少年觸法或曝險行為前之狀態。

　　又上開有關於損害賠償之規定，依少年事件處理法第29條第4項規定，少年之法定代理人應負連帶賠償之責任，並得為民事強制執行之名

---

54 少年法院依少年調查官調查之結果，認為情節輕微，經依少年事件處理法第29條第1項第2款裁定不付審理，並將少年交其法定代理人或現在保護之人嚴加管教者，可否對該法定代理人或現在保護之人同行或協尋，實務上傾向於採取否定說，以保障人權（臺灣高等法院88年、90年庭長法律問題研討會意見）。參見司法周刊第1032期，3版。

55 轉介處分欲達到既定之效果，須社會福利機構與少年法院密切之配合，惟目前我國有關少年及兒童之社會福利機構仍存在許多問題，例如福利機構數量不足、福利機構之人力財力不足、從事少年及兒童福利工作者，對於非行之少年及兒童之認知不正確等等。參見郭靜晃、黃志成、劉秀娟、胡中宜合著，少年福利機構因應少年事件處理法轉向制度之策略，華岡社會科學學報，1999年，頁87至114。

義。未成年人如有侵權行為時，其法定代理人應負連帶賠償之責任，此民法第187條定有明文[56]，此一規定係民法有關未成年人有侵權行為時有關法定代理人責任之特別規定，用以使少年法定代理人之賠償責任更加明確，並避免因少年之犯罪行為在民事上有損害賠償請求權之人尚須依民事訴訟程序加以求償，曠日廢時。

此外，依少年事件處理法第43條第1項規定，刑法及其他法律有關沒收之規定，於第28條、第29條、第41條及前條之裁定準用之。故而刑法及其他法律有關沒收之規定，於上開所述應不付審理或得不付審理之裁定中準用之，此乃因少年雖獲不付審理之裁定，惟其可能亦有犯罪之事實，故有關犯罪行為相關物品沒收之規定亦有準用之必要。又依同條第2項規定，少年法院認供第3條第1項第2款各目行為所用或所得之物不宜發還者，得沒收之，此乃因上開情形雖尚未構成犯罪，其所用或所得之物無法依刑法或相關法律規定沒收，不得加以沒收，惟有時發還予少年並不適當時，故特設此條規定以資為諭知沒收之依據。

3.開始審理

少年法院進行調查之程序後，其處理方式除裁定移送檢察官及不付審理外，第三種方式即為裁定開始審理。有關審理之規定，見以下「三、少年保護事件之審理」部分之說明。

（六）不付審理附帶處分之執行

上開依少年事件處理法第29條第1項所為之一定處分，其執行，依該條第2項之規定，應由少年調查官為之。又依少年事件處理法第57條第1項

---

56 民法第187條規定：「無行為能力人或限制行為能力人，不法侵害他人之權利者，以行為時有識別能力為限，與其法定代理人連帶負損害賠償責任。行為時無識別能力者，由其法定代理人負損害賠償責任。前項情形，法定代理人如其監督並未疏懈，或縱加以相當之監督，而仍不免發生損害者，不負賠償責任。如不能依前二項規定受損害賠償時，法院因被害人之聲請，得斟酌行為人及其法定代理人與被害人之經濟狀況，令行為人或其法定代理人為全部或一部之損害賠償。前項規定，於其他之人，在無意識或精神錯亂中所為之行為致第三人受損害時，準用之。」

之規定，依第29條第1項所為之一定處分，應自處分裁定之日起二年內執行之，逾期則免予執行。此應注意者，所謂二年之期限係自該一定處分之裁定作成之日起算，而非自裁定確定之日起算，故其執行之時間甚短，少年調查官於執行之時，應特別注意該項限制。

三、少年保護事件之審理

依少年事件處理法第30條規定，少年法院依調查之結果，認為應付審理者，應為開始審理之裁定。因此少年法院經調查結果認為事件無移送檢察官及不付審理之情況，即應裁定開始審理，以下即就審理之相關事宜加以說明。

（一）輔佐人

輔佐人在法條順序上雖規定於少年事件處理法開始審理規定之後，惟此乃因民國86年修正前之少年事件處理法原規定審理開始後得選任少年之輔佐人之故；惟現行少年事件處理法規定得隨時選任少年之輔佐人，已不限於審理開始後始得選任，故有關輔佐人之相關規定應置於通則中論述較為適當，又為配合少年事件處理法本身之條文先後順序，仍在此加以論述[57]。

1.輔佐人之種類

（1）選任輔佐人

①得選任輔佐人之人

依少年事件處理法第31條第1項規定，少年或少年之法定代理人或現

---

[57] 刑事訴訟法第35條亦有關於輔佐人之規定，其中第1項規定：「被告或自訴人之配偶、直系或三親等內旁系血親或家長、家屬或被告之法定代理人於起訴後，得向法院以書狀或於審判期日以言詞陳明為被告或自訴人之輔佐人。」第2項則規定：「輔佐人得為本法所定之訴訟行為，並得在法院陳述意見。但不得與被告或自訴人明示之意思相反。」惟此處輔佐人之意義與少年事件處理法中所稱之輔佐人意義不同，其主要目的在補被告事實能力方面之不足，而在法院審判程序中為被告之利益陳述事實及訴訟行為。

在保護少年之人，得隨時選任少年之輔佐人，故除少年本身得為自己選任輔佐人外，少年之法定代理人及現在保護少年之人，亦均得為少年之利益，而為其選任輔佐人。

②選任之時間

民國86年修正前之少年事件處理法第31條第1項規定，少年或少年之法定代理人或現在保護少年之人，於審理開始後得選任少年之輔佐人，惟現行少年事件處理法已修正為隨時得選任輔佐人，故選任輔佐人之時間並不限於少年法院就少年之事件裁定開始審理之後，於審理之前進行調查之階段，甚至於在司法警察機關進行調查之時，均得選任輔佐人。

③選任之方式

又依少年事件處理法第31條之1規定，選任非律師為輔佐人者，應得少年法院之同意。故而少年保護事件審理細則第11條第1項乃規定，選任輔佐人應以書面為之，除律師外，並應記載受選任人與少年之關係。故選任輔佐人應提出委任狀，如輔佐人非律師並應記載其與少年之關係，便於少年法院瞭解其是否適於擔任少年之輔佐人，用以決定是否同意其擔任少年之輔佐人。

同條第2項規定，前項選任之輔佐人，除律師外，少年法院認為被選任人不適當時，得禁止之。至於適不適當，則應由少年法院審酌被選任人本身之學歷、經歷、專業能力及與少年之關係等等情形，加以綜合考量後決定之。

同條第3項規定，輔佐人之選任，應於每審級為之。依此少年輔佐人之選任之效力僅及於同一審級之內，故選任之行為應於每一審級個別為之，因而少年如對於其事件經裁定後提起抗告時，應另外再行選任輔佐人。

同條第4項規定，輔佐人於調查及審理中得檢閱卷宗及證物，並得抄錄或攝影。但於下列情形，少年法院得限制之：A.其內容與少年經移送之事實無關。B.有事實足認妨害另案之調查、審理或偵查。C.涉及少年、被害人或其他第三人之隱私或業務秘密。D.有妨害少年健全自我成長之虞。

（2）指定輔佐人

依少年事件處理法第31條第2項規定，犯最輕本刑為三年以上有期徒刑之罪，未經選任輔佐人者，少年法院應指定適當之人輔佐少年；又其他非屬最輕本刑為三年以上有期徒刑之罪之案件，如少年法院認為有必要者，亦得指定輔佐人。

本項規定係參照刑事訴訟法有關強制辯護之規定而設，惟刑事訴訟法第31條第1項目前係規定：「……一、最輕本刑為三年以上有期徒刑案件。二、高等法院管轄第一審案件。三、被告因精神障礙或其他心智缺陷無法為完全之陳述者。四、被告具原住民身分，經依通常程序起訴或審判者。五、被告為低收入戶或中低收入戶而聲請指定者。六、其他審判案件，審判長認有必要者。」依此規定，對於因精神障礙或其他心智缺陷無法為完全之陳述之被告，亦應指定辯護人，惟少年事件處理法第31條第2項僅規定，少年涉犯最輕本刑為三年以上有期徒刑之罪，應為其指定輔佐人，對於因精神障礙或其他心智缺陷無法為完全之陳述之少年則並未規定，此情形在實務運作上應得依同項後段認為有必要時得指定輔佐人之規定，為少年指定輔佐人，以保障少年之權益。

又依少年事件處理法第31條第3項規定，於應指定輔佐人之案件，如少年業經選任輔佐人，而輔佐人無正當理由不到庭者，少年法院亦得指定輔佐人，此項規定在於使案件得以順利進行以免因選任輔佐人之過失而延滯。

目前少年法院有公設輔佐人之設置，對於指定輔佐之案件，少年法院得指定公設輔佐人為其輔佐，至於尚未設置公設輔佐人之法院，則依少年事件處理法第31條第4項規定，少年法院得指定適當之人為指定輔佐人。所謂適當之人並無一定之限制，實務上依照少年保護事件審理細則第10條規定，本法第31條第2項之事件，如未選任輔佐人，或其選任之非律師為少年法院所不同意者，少年法院應於調查及審理程序中指定適當之人輔佐少年。又少年法院依前項或本法第31條第3項規定指定適當之人時，得指定法院公設辯護人或律師輔佐少年；指定時，以具有少年保護之學識、經

驗及熱忱者優先。指定輔佐人後，經選任律師為輔佐人者，得將指定之輔佐人撤銷。

2.輔佐人之權限

依少年事件處理法第31條第6項規定，少年保護事件中之輔佐人，於與少年保護事件性質不相違反者，準用刑事訴訟法辯護人之相關規定，故少年事件中之輔佐人，其地位實類似於刑事訴訟法中之辯護人。

而辯護人在刑事訴訟程序中主要之權利包括，檢閱卷宗、接見通信、提出及聲請調查證據、在場及陳述等[58]，只要與少年事件之性質不相違背者，輔佐人均得以享有。其中最重要之權利應為檢閱卷宗、在場及陳述之權利；故少年保護事件審理細則第11條第4項亦明定，輔佐人於審理中得檢閱卷宗及證物，並得抄錄或攝影，調查中經法官同意者，亦同；至於在場及陳述之權利，亦理所當然應為輔佐人所享有。

3.輔佐人之義務

依少年事件處理法第31條之2規定，輔佐人除保障少年於程序上之權利外，應協助少年法院促成少年之健全成長。依此規定，輔佐人之義務依上開所述之權限，用以保障少年程序上之權利外，另亦有義務協助少年法院促成少年之健全成長。此一任務之規定，似乎使輔佐人之角色產生混淆，因輔佐人為完成此二項任務，必須時而與法院對抗，時而與法院合作[59]，如此對於輔佐人之自我定位有不良之影響，可考慮應於將來修法時予以修正或刪除。

目前實務上依照少年保護事件審理細則之規定，輔佐人之主要義務有二；其一為少年保護事件審理細則第12條規定，輔佐人應依少年年齡及心智成熟程度，以少年、少年之法定代理人或現在保護少年之人所能理解之

---

58 參見黃朝義，刑事訴訟法，一品文化出版，2007年8月，頁80至83。
59 惟有論者認為，只要掌握少年法院審理之統一情境係為少年之健全成長設定，而非以法官為唯一主體，則不論輔佐人之態度為何，只要其係以少年之最佳利益為考量，則最終應能達到少年事件處理法第1條所設定之目的。見前揭註21。

適當方式，告知進行之程序、情形及結果；其二為少年保護事件審理細則第13條規定，輔佐人為協助促成少年之健全成長，得就下列事項向少年法院提出建議：①少年對於處理程序之理解能力；通譯、兒童及少年心理衛生或其他專業人士協助之需求。②有利於少年健全成長之處遇方案、可連結或轉介之資源，以及少年、少年之法定代理人或現在保護少年之人之意願。③進行親職教育或親子關係輔導與修復、心理諮商或心理輔導、其他醫療行為之可能性或必要性；進行之適當方式、時間或場所。④本法第26條第1項第1款、第28條第2項、第29條第1項第3款、第3項、第41條第2項、第42條第1項第3款、第2項、第44條第2項所定責付、轉介或交付對象、實施禁戒或治療之處所。⑤收容期間之鑑別事項。⑥其他認為適當之事項。又前項之建議，經少年法院同意以言詞提出者，並載明於筆錄。

（二）審理之開始

　　少年法院開始審理之裁定以書面或言詞為之均可，若以言語為之，須經書記官記明筆錄。開始審理後案件進入另一階段，因此實務上應另行分案，例如原「少調」案件改分「少護」等。

　　開始審理之方式一般而言可分為二種：

1.另定審理期間

　　依少年事件處理法第32條第1項規定，少年法院審理事件應定審理期日，又審理期日應傳喚少年、少年之法定代理人或現在保護少年之人，並通知少年之輔佐人。而少年法院指定審理期日時，應考慮少年、少年之法定代理人、現在保護少年之人或輔佐人準備審理所需之期間，此項期間少年事件處理法並未明定，惟少年保護事件審理細則第33條規定，第一次審理期日之傳喚通知書，至遲應於五日前送達，此可作為實務運作之依據。

　　於另行定期審理而傳喚少年、少年之法定代理人或現在保護少年之人，準用少年事件處理法第21條第3項、第4項之規定，亦即應使用通知書，記載法定事項，由法官簽名後，送達於被傳喚人。

2.及時開始審理

依照少年事件處理法第32條第2項但書規定，經少年及其法定代理人或現在保護少年之人之同意，得及時開始審理；此時即無須另行定審理之期日，而可直接在調查程序後進行審理程序，實務上以此項情形居多。少年保護事件審理細則第32條第1項即規定，少年法院開始審理之裁定，得於調查時以言詞為之，並由書記官記明筆錄。其經到場之少年、少年之法定代理人或現在保護少年之人同意者，得即時開始審理。惟同條第2項另外規定，如少年輔佐人聲請檢閱卷宗及證物時，少年法院仍不得及時開始審理，而應另行指定審理期日。此規定之目的在使少年之輔佐人如對於相關卷證尚未有相當之掌握時，得以有充裕之時間檢閱卷宗及證物，以為進行有利於少年之輔佐行為。

（三）審理之進行

1.審理不公開

依少年事件處理法第34條規定，少年保護事件之審理程序原則上不公開，但得許少年之親屬、學校教師、從事少年保護事業之人或其他認為相當之人在場旁聽。

此一規定旨在保護少年，因少年保護事件係以教育代替懲罰，故少年保護事件在審理之階段，如對外加以公開，可能對於少年之身心發展及情緒產生不良影響，故特別規定少年保護事件之審理程序不公開，此與一般民刑事訴訟程序原則上應在公開法庭審理之情形有所不同。

2.審理之態度及場地

依少年事件處理法第35條前段規定，審理應以和藹懇切之態度行之；同條後段規定，法官參酌事件之性質與少年之身心、環境狀態，得不於法庭內進行審理。上開規定之目的主要在於，少年保護事件之重點不在於對少年做出懲罰，故不宜以一般刑事訴訟程序嚴肅之方式進行，而在態度及場所上均另行規定。

3.陳述意見

　　依少年事件處理法第36條規定，審理期日訊問少年時，應給予少年之法定代理人或現在保護少年之人及輔佐人陳述意見之機會。蓋少年因心智發展尚未成熟，對於意見之表達可能不盡完善，故賦予少年之法定代理人、現在保護少年之人及輔佐人，得以在審理期日陳述意見之機會，以補少年陳述之不足，同時並可使法院對於少年相關事項有進一步之瞭解。

　　由於上開條文僅規定「少年之法定代理人或現在保護少年之人及輔佐人」有刑庭陳述意見之機會，惟並未規定被害人或其法定代理人得以到場陳述意見之機會，因此對於少年保護事件之被害人之程序參與權利保障不足。為此大法官會議於民國110年7月16日作成釋字第805號解釋，其解釋文謂少年事件處理法第36條規定：「審理期日訊問少年時，應予少年之法定代理人或現在保護少年之人及輔佐人陳述意見之機會。」及其他少年保護事件之相關條文，整體觀察，均未明文規範被害人（及其法定代理人）於少年保護事件處理程序中得到庭陳述意見，於此範圍內，不符憲法正當法律程序原則之要求，有違憲法保障被害人程序參與權之意旨。有關機關應自本解釋公布之日起二年內，依本解釋意旨及少年事件處理法保障少年健全自我成長之立法目的，妥適修正少年事件處理法。於完成修法前，少年法院於少年保護事件處理程序進行中，除有正當事由而認不適宜者外，應傳喚被害人（及其法定代理人）到庭並予陳述意見之機會。

　　因而少年事件處理法第36條未規定少年事件之被害人可以到場陳述意見，依照上開解釋文係違反憲法正當法律程序原則之要求，而有違憲法保障被害人程序參與權之意旨，亦即非有正當事由且符合比例原則之前提下，不得對於被害人參與程序之權利一律予以排除。況且被害人到庭就其受害情節，以及對少年未來環境之調整或性格之矯治所持意見之陳述，除有助於法院釐清與認定相關事實外，亦有助於法院綜合考量相關因素而對少年採取適當之保護措施，以促成其未來之健全成長。因此大法官會議認為少年事件處理法第36條規定，不符憲法正當法律程序原則之要求，有違憲法保障被害人程序參與權之意旨，有關機關應自解釋公布之日起二年

內，依解釋意旨及少年事件處理法保障少年健全自我成長之立法目的，妥適修法。於完成修法前，少年法院於少年保護事件處理程序進行中，除有正當事由而認不適宜者外，應傳喚被害人（及其法定代理人）到庭並予陳述意見之機會。

　　此外，為避免少年或少年以外之人為陳述時，因對於彼此間在場致使對於陳述之內容有所顧忌，而無法為完全之陳述，故少年事件處理法第38條第1項乃特別規定，少年法院認為必要時，得為下列之處置：①少年為陳述時，不令少年以外之人在場。②少年以外之人為陳述時，不令少年在場。依此規定，少年法院於審理期日使少年或少年以外之人陳述時，為使陳述之一方得以暢所欲言，不致有所保留，得以命令少年或少年以外之人陳述時分別為之，非陳述之一方，不得在場。又同條第2項規定，前項少年為陳述時，少年法院應依其年齡及成熟程度權衡其意見。此乃因少年之年紀尚未達到如成年人一般較為成熟之地步，其陳述意見之能力有限，故而其陳述之意見，少年法院應依少年之年齡及其身心成熟之程度加以權衡，而非一律加以採納。

　　除少年之法定代理人、現在保護少年之人及輔佐人外，少年事件處理法第39條同時亦規定，少年調查官應於審理期日出庭陳述調查及處理之意見，此為少年調查官在審理程序中到場陳述權之規定，少年調查官陳述之意見，雖不得拘束法官之決定，但少年法院如不採少年調查官陳述之意見者，應於裁定中記載不採之理由，故少年調查官之陳述意見仍有相當之效力。

4.少年、少年之法定代理人或現在保護少年之人在場權

　　依少年保護事件審理細則第39條規定，審理期日，少年、少年之法定代理人或現在保護少年之人經合法傳喚，無正當理由不到場者，少年法院認為應依本法第41條第1項或少年已滿二十歲而應依本法第40條前段裁定之事件，得不待其陳述，逕行審理及裁定。依上開規定之反面解釋，除有上開情形外，少年法院在進行少年保護事件之審理程序時，應有少年、少

年之法定代理人或現在保護少年之人在場，否則不得進行。

5.調查證據

　　少年事件處理法第37條第1項規定，審理期日，應調查必要之證據，此項調查證據之方式，可適用刑事訴訟法有關證據調查之相關規定進行[60]。

　　又依少年事件處理法第37條第2項規定，少年應受保護處分之原因、事實，應依證據認定之，此乃仿照刑事訴訟法第154條第2項「犯罪事實應依證據認定之，無證據不得認定犯罪事實」而設之規定，旨在保障少年之權益，以免冤抑，故在裁定少年保護處分時，應在裁定中表明憑以認定少年應受保護處分之原因、事實而依據之證據方法。

（四）審理之停止

　　依少年保護事件審理細則第24條第1項規定，同一少年同時有本法第3條第1項第1款、第2款之二件以上事件繫屬，少年法院依調查或審理結果，將第1款之事件裁定移送檢察官者，在少年刑事案件處分或裁判確定前，少年法院得停止少年保護事件之審理。故同一少年如同時有「觸法事件」與「曝險事件」存在，或同時有二件以上之「觸法事件」存在時，如觸法事件經裁定移送檢察官偵查時，其他事件之審理程序則可以停止進行。

---

[60] 我國刑事訴訟法有關調查證據之方式，規定於第一編總則第十三章證據中，如其中第164條規定：「審判長應將證物提示當事人、代理人、辯護人或輔佐人，使其辨認。前項證物如係文書而被告不解其意義者，應告以要旨。」第165條規定：「卷宗內之筆錄及其他文書可為證據者，審判長應向當事人、代理人、辯護人或輔佐人宣讀或告以要旨。前項文書，有關風化、公安或有毀損他人名譽之虞者，應交當事人、代理人、辯護人或輔佐人閱覽，不得宣讀；如被告不解其意義者，應告以要旨。」第165條之1規定：「前條之規定，於文書外之證物有與文書相同之效用者，準用之。錄音、錄影、電磁紀錄或其他相類之證物可為證據者，審判長應以適當之設備，顯示聲音、影像、符號或資料，使當事人、代理人、辯護人或輔佐人辨認或告以要旨。」等。

（五）協商式審理

協商式審理係將少年保護事件之審理方式，由法官高高在上、一問一答之傳統威權方式，改為圓桌式之討論、協商方式，其目的在於使法庭審理之氣氛較為和緩，希望在此氣氛下，由法官、少年調查官先就少年非行之成因作必要之調查及瞭解後，由法官、少年調查官、少年、少年之法定代理人、現在保護少年之人及少年之輔佐人共同參與，以少年調查官審判調查報告之處遇意見為藍本，並經由少年、少年之法定代理人、現在保護少年之人及少年之輔佐人之同意下，為少年尋求最有利及最有效之輔導方式[61]。

少年事件處理法本身並未就協商式審理有所規定，實務上做法係依據少年保護事件審理細則第27條之規定為之，少年法院對於少年調查官提出之處遇意見之建議，經徵詢少年、少年之法定代理人或現在保護少年之人及輔佐人之同意，依本法第29條第1項為不付審理之裁定並當場宣示主文及認定之事實者，得僅由書記官記載於筆錄，不另作裁定書；認定之事實與報告、移送或請求之內容不同者，應於宣示時一併告知事實及理由要旨，並記載於筆錄。前項筆錄正本或節本之送達，準用本法第48條之規定，並與裁定正本之送達，有同一之效力。

又協商式審理僅適用於少年事件處理法第29條第1項有關不付審理之裁定及第42條第1項有關保護處分之裁定，如係屬於少年事件處理法第27條或第40條之「應」或「得」移送檢察官之情形時，即不得行協商式審理。

（六）審理之結果

少年法院進行少年保護事件之審理程序後，得視情形而為以下幾種方式之處理：

---

[61] 參見黎文德著，少年保護事件之協商審理與處遇，月旦法學雜誌第74期，2001年7月，頁74。

1.移送檢察官

少年事件處理法第40條規定，少年法院依審理之結果，認為事件有第27條第1項之情形者，應為移送之裁定；有同條第2項之情形者，得為移送之裁定。故依審理之結果，認為事件有上開調查程序中所述應移送或得移送檢察官之情形，即應裁定移送檢察官偵查。惟應注意者，此處未提到少年事件處理法第27條第3項少年犯罪時未滿十四歲不得裁定移送檢察官之規定，惟如上所述，未滿十四歲之人依刑法之規定並無刑事責任能力，故不得移送檢察官，此乃當然之理。

2.不付保護處分

依少年事件處理法第41條第1項規定，少年法院依審理之結果，認為事件不應或不宜付保護處分者，應裁定諭知不付保護處分。因而不付保護處分有不應付保護處分及不宜付保護處分二種情形：

（1）不應付保護管束

所謂不應付保護管束，一般係指並無保護處分之原因存在，亦即並無證據足以證明少年有觸犯刑罰法律或有曝險之行為，或少年有心神喪失之情形。

（2）不宜付保護處分

不宜付保護管束之情形，一般係指少年法院於審理後認為少年確有觸犯刑罰法律或曝險之行為，惟其所涉之情節尚屬輕微，則得諭知不付保護處分。

此外，少年保護事件審理細則第24條第2項亦規定，同一少年同時有本法第3條第1項第1款、第2款之二件以上事件繫屬，少年法院依調查或審理結果，將第1款之事件裁定移送檢察官者，如少年嗣後經受有期徒刑以上刑之宣告確定，少年法院除認有另付保護處分之必要者外，得認為事件不宜付保護處分，而裁定諭知不付保護處分。

又依少年事件處理法第41條第2項規定，第28條第2項、第29條第3

項、第4項之規定，於少年法院認為事件不宜付保護處分，而為不付保護處分之裁定時準用之；故少年法院認為少年不宜付保護處分時，如少年有心神喪失之情形，得令入相當處所實施治療；又少年法院得斟酌情形，經少年、少年之法定代理人及被害人之同意，命少年向被害人道歉、立悔過書或對被害人之損害負賠償責任；上述負損害賠償責任時，少年之法定代理人應負連帶賠償之責任，並得為民事強制執行之名義。

　　惟此有疑問者，依少年事件處理法第28條第2項規定，少年有心神喪失之情形，「應」為不付審理之裁定，係認為少年既心神喪失則無法為自己行為負責，故應為不付審理之裁定，惟此處認少年有心神喪失之情形係不宜付保護處分，而非不應付保護處分，其前後規定不相一致，恐生不必要之爭議，應於將來修法時予以修正。

3.諭知保護處分

　　依少年事件處理法第42條第1項規定，少年法院在事件審理後，除有裁定移送檢察官及不付保護處分之情形外，應以裁定諭知對於少年為保護處分。

　　又依少年事件處理法第42條第1項及第2項所規定之保護處分，可分為主要保護處分（第1項）及併為保護處分（第2項）二大類型[62]，茲分別敘述如下：

（1）主要保護處分

　　依少年事件處理法第42條第1項之規定，主要保護處分可分為下列幾種：

①訓誡，並得予以假日生活輔導

　　此為保護處分之種類中最為輕微之項目，得以僅諭知訓誡，亦得併予諭知假日生活輔導，此時不須諭知輔導之次數，而由執行之人員視執行之情形定之。

---

62 見前揭註34，頁211。

②交付保護管束並得命為勞動服務

此項目之保護處分係藉由保護管束之方式來約束少年之行為，並得同時命少年為勞動服務，使其以勞力付出方式，養成努力勤勉之習慣，用以矯正少年怠惰之習性，並達到反省之目的。

③交付安置於適當之福利或教養機構、醫療機構、執行過渡性教育措施或其他適當措施之處所輔導

此項處分係民國86年修正少年事件處理法所增加之保護處分項目，其規定之目的主要在於有非行之少年經常係家庭功能喪失之人，故有必要以適當之機構加以安置，並配合專業之輔導人員加以輔導，以發揮其代替家庭功能之作用。

依少年保護事件審理細則第53條規定，諭知安置輔導處分之裁定書，應於主文中指明受交付之機構或處所名稱，如受交付機構或處所無法接受少年，應由少年法院另以裁定指定之。故少年法院應在裁定前即尋找適當之福利、教養機構或適當之處所，並在具體個案中，考量少年之年齡、性別、性格以及其就學、就業或就醫之需求，而在裁定中具體指定輔導之福利、教養機構或適當之處所，希望藉由適當機構之輔導，少年之心智及身體發展得以更加健全。

④令入感化教育處所施以感化教育

此項為最嚴重之保護處分項目，如少年法院認為上開三項保護處分之措施，均無法使少年得到良好之照護及教養，亦無法改善少年之德行，則得諭知少年入感化教育處所，施以感化教育。

依照少年事件處理法第42條第3項規定，上開主要保護處分之期間，均毋庸諭知，故而由執行之機關視個別少年執行保護處分之情形而定之。另依少年事件處理法第42條第4項規定，本法第29條第3項、第4項之規定，於少年法院為上開主要保護處分之裁定時準用之。故少年法院為保護處分之裁定同時，並得斟酌情形，經少年、少年之法定代理人及被害人之同意，命少年向被害人道歉、立悔過書或對被害人之損害負賠償責任；上述之損害賠償責任，少年之法定代理人應負連帶賠償之責任，並得為民事

強制執行之名義。

依少年事件處理法第42條第5項規定，少年法院為本條第1項裁定（即主要保護處分）前，認有必要時，得徵詢適當之機關（構）、學校、團體或個人之意見，亦得召開協調、諮詢或整合符合少年所需之福利服務、安置輔導、衛生醫療、就學、職業訓練、就業服務、家庭處遇計畫或其他資源與服務措施之相關會議。此項規定目的在於以多元之措施推動社會各項資源整合之平台，以此平台在社會相關機關（構）、學校、團體或個人之協助下，使少年法院之保護處分裁定能達到對於少年最為適當之情形。

又依少年事件處理法第42條第6項規定，上開第5項之規定，於本法第26條（責令或收容之裁定）、第28條（應不付審理之裁定）、第29條第1項（得不付審理之裁定）、第41條第1項（應不付保護處分）、第44條第1項（交付觀察）、第51條第3項（交付適當之福利或教養機構、慈善團體、少年之最近親屬或其他適當之人保護管束）、第55條第1項（聲請少年法院免除保護管束執行）、第4項（聲請少年法院裁定撤銷保護管束，將所餘之執行期間令入感化處所施以感化教育）、第55條之2第2項至第5項（安置輔導之免除、延長、變更及轉感化教育）、第55條之3（留置觀察）、第56條第1項（裁定免除或停止其執行）及第3項（停止感化教育執行裁定交付保護管束）情形準用之。

（2）併為保護處分

依少年事件處理法第42條第2項規定，少年有下列情形之一者，得於為同條第1項保護處分之前或同時亦諭知下列之保護處分：

①少年施用毒品或迷幻物品成癮，或有酗酒習慣者，令入相當處所實施禁戒。

②少年身體或精神狀態顯有缺陷者，令入相當處所實施治療。

另外，少年保護事件中如少年所犯之觸法行為為刑法第221條至第227條、第228條、第229條之妨害性自主罪，是否有刑法第91條之1強制治療規定之適用；對此實務上係採取否定說，認為少年事件處理法係為保障少

年健全之自我成長，調整其成長環境，並矯治其性格而制定，其目的係為保護少年，故對於少年有觸犯刑罰法律行為之調查程序及處分，有別於一般刑事案件調查及裁判程序，對於屬於刑法上之保安處分之規定，除法條有明文規定外，應排除其適用；且依少年事件處理法第42條第2項第2款規定，對於少年身體或精神狀態顯有缺陷者，得於為保護處分前或同時諭知令入相當處所實施治療，少年法院如認少年關於妨害性自主之行為情況嚴重或身心障礙者，自可依該條規定送鑑定、治療，對於少年或被害人之保護並無欠缺，無再適用刑法第91條之1之規定[63]。

（3）沒收

除上開主要處分及併為處分外，尚有沒收之規定，依照少年事件處理法第43條第1項，刑法及其他法律有關沒收之規定，於第28條、第29條、第41條及前條（即第42條）之裁定準用之[64]。依此項之規定，刑法及其他法律有關於沒收之規定，於少年法院諭知保護處分之裁定時準用之。目前刑法有關沒收係規定於總則第五章之一第38條及第38條之1，主要沒收之標的有第一類違禁物，第二類供犯罪所用、犯罪預備之物或犯罪所生之物，第三類犯罪所得，其中第一類及第三類採取義務沒收主義，而第二類則係採任意沒收主義[65]；又除刑法總則有沒收之規定外，尚有其他關於沒收之法律規定，例如刑法第205條[66]、毒品危害防制條例第18條第1項前段

---

63 參見臺灣高等法院暨所屬法院88年法律座談會刑事類提案第4號，臺灣高等法院暨所屬法院88年法律座談會彙編，頁180至190。
64 應注意者乃刑法沒收新制自民國105年7月1日起開始施行，其與舊制最主要的差別在於不再限於被告名下的犯罪所得才能沒收，第三人所有的資產在符合特定要件下也可以沒收；此外，詐欺案在舊制時僅能針對犯罪所得原物沒收，而在新制中，在犯罪所得原物不能或不宜執行沒收時，可以追徵其他資產。意即沒收新制在被告死亡、逃亡經通緝等情形均可適用，就算被告將不法所得轉投資、購買豪宅、名車、裸鑽，或轉登記第三人名下，檢方都有權追討，在案件偵辦初期就把扣押物變價拍賣，法院審理終結後可優先發還被害人，以保障被害人權益，查扣物品也不致因審判期間持久，導致價值過度減損。
65 所謂任意沒收主義又稱便宜沒收主義或裁量沒收主義，乃指沒收之標的、範圍法律雖有規定，惟即使符合規定，然沒收與否，法院得依職權自由裁量。
66 刑法第205條規定：「偽造、變造之有價證券、郵票、印花稅票、信用卡、金融卡、儲值卡或其他相類作為提款、簽帳、轉帳或支付工具之電磁紀錄物及前條之器械原料及電

之規定[67]等等。

　　此外，依照少年事件處理法第43條第2項規定，少年法院認供第3條第1項第2款各目行為所用或所得之物不宜發還者，得沒收之。此規定係採取任意沒收主義，乃在補上開第1項規定之不足，例如供少年吸用之強力膠或持有之水果刀等物，均非違禁物，如亦非供少年犯罪所用或犯罪預備之物，不得依刑法及其他法律規定沒收，惟又不宜發還予少年，此時即可依本項之規定沒收。

　　又依少年保護事件審理細則第52條規定，保護處分之裁定書，應分別記載主文、事實與理由。而細則第27條規定，於前項為保護處分之裁定時準用之；諭知本法第42條第1項第3款、第4款之保護處分時，應一併告知其處遇必要性及相當性之理由要旨，並由書記官記載於筆錄。此一理由要旨，得由法官另紙製作並引為宣示筆錄之附件。

　　又依少年保護事件審理細則第53條規定，諭知安置輔導處分之裁定書，應於主文中指明受交付之機構或處所名稱。前項情形，如受交付機構或處所無法接受少年，應由少年法院另以裁定指定之。

　　又依少年保護事件審理細則第54條規定，諭知保護處分之裁定書，應於理由內分別記載下列事項：①認定應付保護處分事實所憑之證據及其認定之理由。②對於少年有利之證據不採納者，其理由。③依本法第42條第1項各款諭知保護處分所審酌之必要性、相當性及執行方法之理由。④對於少年調查官到庭陳述意見不採納者，其理由。⑤諭知沒收或附隨處分者，其理由。⑥適用之法律。

（七）交付觀察

　　交付觀察又稱為試驗觀察，依少年事件處理法第44條第1項規定，少

磁紀錄，不問屬於犯人與否，沒收之。」
[67] 毒品危害防制條例第18條第1項規定：「查獲之第一級、第二級毒品及專供製造或施用第一級、第二級毒品之器具，不問屬於犯人與否，均沒收銷燬之；查獲之第三級、第四級毒品及製造或施用第三級、第四級毒品之器具，無正當理由而擅自持有者，均沒入銷燬之。但合於醫藥、研究或訓練之用者，得不予銷燬。」

年法院為決定宜否為保護處分或應為何種保護處分,認有必要時,得以裁定將少年交付少年調查官為六月以內期間之觀察,此項規定乃在於少年法院之法官有時對於少年之成長環境等情,並非十分瞭解,尚無法決定是否對於少年處以保護處分較為適當,及如處以保護處分者,應以何種處分較為合適之情形下,由少年調查官對少年作深入之訪視、面談及分析後,提供法官作為裁定之重要參考,在立法上確屬良法美制[68]。

少年法院依上開規定以裁定將少年交付少年調查官為觀察者,應於裁定內指定其觀察期間,並得就應觀察事項為適當之指示,使少年調查官能確實掌握調查之方向,以達到協助法官作出正確而適當裁定之目的[69]。

又依少年事件處理法第44條第2項規定,前項觀察,少年法院得徵詢少年調查官之意見,將少年交付適當之機關、學校、團體或個人為之,並受少年調查官之指導;此乃因少年調查官或因資源、能力及時間之限制,無法深入就少年加以觀察,此時得藉重民間其他機構之力量,完成觀察之程序。至於同條第3項又規定,少年調查官應將觀察結果,附具建議提出報告。另外同條第4項規定,少年法院得依職權或少年調查官之請求,變更觀察期間或停止觀察,蓋少年之事件依照個案之性質不同,並非每一個案都適用六個月之觀察期間,且有時進行觀察後發現已無觀察之必要,故特設變更觀察期間及停止觀察之規定,使交付觀察之裁定得隨個案之需要而作調整,以使少年司法之資源能加以有效之運用。

有關少年調查官觀察之進行,依少年保護事件審理細則第34條定有明文以資適用,依其條文規定,少年法院將少年交付少年調查官觀察時,應於裁定內指定其觀察期間,並得就應觀察事項為適當之指示;且少年經交

---

[68] 論者有以為交付觀察除供決定應否為保護處分及應為何種保護處分之參考外,就實質面而言,尚有下列三項作用:1.診斷作用,對於少年全面從事調查、分析及評估。2.治療作用,藉此行使機會教育,使少年在潛移默化中改善其行狀。3.調適作用,藉此機會就人際關係及外在環境有所調整。參見丁道源著,最新少年事件處理法釋論,中央警察大學出版,2000年1月1日,頁105至106。

[69] 少年保護事件審理細則第34條第1項規定:「少年法院依本法第四十四條第一項將少年交付觀察時,應於裁定內指定其觀察期間,並得就應觀察事項為適當之指示。」

付適當之機關、學校、團體或個人為觀察時，少年調查官應與各該受交付者隨時保持聯繫，並為適當之指導；上開二項觀察之執行，除另有規定外，得準用少年事件處理法有關執行保護管束之規定。又少年調查官應於觀察期滿後十四日內，就觀察結果提出報告，並附具對少年處遇之具體建議。

4.保護處分之暫停或撤銷

保護處分經裁定確定後，如有下列情形者，應將保護處分之裁定予以暫停執行或撤銷：

（1）另有裁判處分

依少年事件處理法第45條第1項規定，受保護處分之人，另受有期徒刑以上刑之宣告確定者，為保護處分之少年法院，得以裁定將該處分撤銷之。此乃因受保護處分裁定之少年如另有刑事案件，經法院判決有期徒刑以上之刑確定者，顯示少年有更嚴重之犯罪行為，須以執行有期徒刑之方式加以矯治，此時即無必要再另外施以保護處分，故可將原保護處分之裁定予以撤銷。

另依少年事件處理法第45條第2項規定，受保護處分之人，另受保安處分之宣告確定者，為保護處分之少年法院，應以裁定定其應執行之處分。蓋少年如另受保安處分之裁定確定，則表示少年另有其他事由須受保安處分，此時少年法院法官應視少年之情況擇定少年應優先受執行之處分。少年事件處理法施行細則第12條對此情形則規定，少年受保安處分之保護管束宣告，並另受保護處分之保護管束宣告，依本法第45條第2項定其應執行處分者，少年法院得裁定執行其一，或併執行之。

有問題者，乃上開情形少年法院法官裁定僅執行其中之一，則另一處分（保護處分或保安處分），其效力如何。實務上傾向於認為，其他處分仍舊存在，其理由為少年事件處理法第45條第2項並無視為撤銷之規定，且保護處分之目的與保安處分不同，若將其他處分視為撤銷，則日後當少年有違反該保護處分或保安處分之情形時即無處理之依據，對於導正少年

並非有利[70]。

（2）另有保護處分

依少年事件處理法第46條規定，受保護處分之人，復受另件保護處分，分別確定者，後為處分之少年法院，得以裁定定其應執行之處分；依前項裁定為執行之處分者，其他處分無論已否開始執行，視為撤銷。故少年如受少年法院裁定保護處分有二個以上且先後確定者，則確定在後之少年法院得以裁定定其應執行之處分，此規定係「得」定應執行之處分，因而並非強制規定，是以是否須定應執行之處分，應依少年之具體情狀、保護處分之內容定之。實務上即有認為，如少年同時受到安置輔導及保護管束之裁定確定，因其執行之內容、性質有所不同，如對少年而言，同時執行對其更有幫助，亦非一定須定應執行之處分[71]。

（3）無審判權

依少年事件處理法第47條第1項規定，少年法院為保護處分後，發見其無審判權者，應以裁定將該處分撤銷之，移送於有審判權之機關。此條係規定「應」撤銷為強制規定，此乃因審判權係法院進行案件審理之先決條件，如欠缺審判權，法院即不得進行案件之審理，故少年法院在作出保護處分之裁定並確定後，始發現其無審判權者，自應將原保護處分撤銷。又第2項亦規定，保護處分之執行機關，發見足認為有前項情形之資料者，應通知該少年法院。

實務上甚少有此條規定之適用，因審判權原則上及於我國領域內之所

---

70 依目前之實務見解係認為：「少年事件處理法第45條第2項並未如第46條第2項規定『……其他處分無論已否開始執行，視為撤銷』，且保護處分之目的，在健全少年之自我成長，調整其成長環境，並矯治其偏差性格；而保安處分之本質，則是出於預防社會危險性所採取之防衛措施，各有其欲達成之作用，若將其他處分視為撤銷，則日後當少年有違反該保護處分或保安處分之情形時，將因視為撤銷之結果，無從據以發動相對應之處置，使得原欲達成之目的無法實現，對於導正少年之最終目的而言，誠屬不利。」參見95年少年法院（庭）庭長法官業務研討會法律問題提案第8號。

71 參見少年法院（庭）庭長、法官業務研討會第7則，司法院第2期少年法院（庭）庭長、法官（觀護人）業務研討會研究合輯，2003年12月，頁235至239。

有人，例外之情形僅有總統、享有治外法權之人及現役軍人犯陸海空軍刑法及其特別法，因此對於少年無審判權而應將原保護處分撤銷之情形至為少見。

（八）送達

1.送達之對象

少年事件處理法有關裁定送達之規定見於第48條，依該條之規定，少年法院所為裁定，應以正本送達於少年、少年之法定代理人或現在保護少年之人、輔佐人及被害人，並通知少年調查官。

2.送達之方式

依少年事件處理法第49條第1項規定，少年相關文書之送達，適用民事訴訟法關於送達之規定。因此原則上，民事訴訟法有關送達之規定均可準用，例如送達原則上由書記官依職權為之[72]，送達之執行者為執達員或郵務人員[73]；至於送達之方式則包括自行交付送達[74]、補充送達[75]等等；但應注意少年事件處理法第49條第2項特別規定，對於少年、少年之法定代理人、現在保護少年之人、輔佐人，及依法不得揭露足以識別其身分資訊之被害人或其法定代理人，不得為公示送達。

另同條第3項則規定，文書之送達，不得於信封、送達證書、送達通知書或其他對外揭示之文書上，揭露足以使第三人識別少年或其他依法應保密其身分者之資訊。上開規定內容均在於避免少年及其他應對於其身分加以保密之第三人之個人資料為外界得知，藉此以保護少年及其他應保密之第三人。

---

72 民事訴訟法第123條規定：「送達，除別有規定外，由法院書記官依職權為之。」
73 民事訴訟法第124條規定：「送達，由法院書記官交執達員或郵務機構行之。由郵務機構行送達者，以郵務人員為送達人。」
74 民事訴訟法第126條規定：「法院書記官，得於法院內，將文書付與應受送達人，以為送達。」
75 民事訴訟法第137條規定：「送達於住居所、事務所或營業所不獲會晤應受送達人者，得將文書付與有辨別事理能力之同居人或受僱人。如同居人或受僱人為他造當事人者，不適用前項之規定。」

第二節　保護處分之執行

　　少年保護事件經過調查及審理之階段，如經少年法院為保護處分之裁定，則接下來即為保護處分如何有效執行之問題，如上所述，少年事件處理法之立法目的在於「保障少年健全之自我成長，調整其成長環境，並矯治其性格」，故對於少年作出正確之保護處分裁定固然重要，然最終仍有賴於有效之保護處分執行，如得以順利達成上開目的，因而保護處分之執行，在整個少年事件處理過程中，亦屬相當重要之一環。

　　保護處分之執行主要由少年保護官結合社會之資源共同進行，法官則處於監督之角色，故法官對於保護處分之執行過程不宜過度介入，原則上應委之於少年保護官依其專業為之。

　　以下即分別就個別保護處分之執行方式、期間限制及拒絕執行保護處分之各種情形分別論述：

一、訓誡及假日生活輔導

（一）執行之方式

1.訓誡

　　對於少年之訓誡處分，應由少年法院之法官為之，通常由法官指定期日，通知少年、少年之法定代理人或現在保護少年之人及輔佐人到場，於執行訓誡時，由書記官製作筆錄，並交由少年以及到場之少年之法定代理人、現在保護少年之人及輔佐人簽名。惟依少年及兒童保護事件執行辦法（民國111年1月5日廢止）第4條第2項規定，宣示訓誡處分時，少年及其法定代理人或現在保護少年之人在場捨棄抗告權，且無被害人之情形下，得於宣示後當場執行訓誡之處分。

　　少年法院之法官在執行訓誡處分時，應以少年易瞭解之言語加以勸導，並向少年指明其不良之行為，告知將來應遵守之規範，及警惕少年再犯時可能面臨之處分，同時告以塗銷紀錄之規定，以激勵少年改過向上，

並可命少年立悔過書。

　　執行訓誡處分時如少年之法定代理人在場，亦可藉此機會向其說明，忽視對於少年之教養所致少年有觸法或曝險行為時，可能面對親職教育輔導之處分，以使法定代理人加強對於少年之管教。

2.假日生活輔導

　　如少年經裁定處以訓誡同時並須接受假日生活輔導時，則由少年法院之法官於執行訓誡後，將少年交付少年保護官接續執行假日生活輔導。

　　假日生活輔導之次數，依少年事件處理法第50條第3項規定，為三次至十次，由少年保護官視輔導之成效而定。又對於少年之假日生活輔導得個別或群體為之，其主要在於對於少年施以品德教育，輔導其學業或其他作業，並得命為勞動服務，使其養成勤勉習慣及守法精神。實務上均依少年之個別狀況，以品德輔導、心理輔導、人際溝通輔導、課業輔導、生涯輔導，甚至休閒活動等等方式為之。

　　此外，有鑑於少年法院之少年保護官人力及能力恐有不及，有借重及結合社會福利資源共同對於少年加以輔導之必要，少年事件處理法第50條第4項特別規定，假日生活輔導，少年法院得依少年保護官之意見，將少年交付適當之機關、團體或個人為之，受少年保護官之指導。

（二）執行之限制

1.年齡之限制

　　少年事件處理法對於訓誡及假日生活輔導之執行期間設有限制，其中依少年事件處理法第54條第1項規定，保護處分之執行，至多執行至滿二十一歲為止，故訓誡及假日生活輔導之執行僅能執行至年滿二十一歲為止。

2.時效之限制

　　另依少年事件處理法第57條第1項規定，訓誡及假日生活輔導處分，

應自處分裁定之日起，二年內執行之，逾此期間則免予執行；此應注意者，所謂二年係自訓誡及假日生活輔導處分之裁定作成之日起算，而非自裁定確定之日起算。

（三）強制到場

少年受訓誡及假日生活輔導之處分後，少年法院之法官即得依少年事件處理法第59條第1項規定，於必要時，對少年發通知書，如少年經通知無正當理由未到場，則可發同行書或請有關機關協尋之；至於少年保護官因執行訓誡及假日生活輔導之處分，於必要時亦得以其名義對少年發通知書。有關通知書、同行書及協尋書之核發及記載等事項，均準用少年事件處理法第21條第3項、第4項、第22條第2項、第23條及第23條之1等相關規定。

又因少年事件處理法第23條之1第4項前段規定，協尋於其原因消滅或顯無必要時，應即撤銷，故如有上開發布協尋之情形，應注意訓誡及假日生活輔導及執行期限，於執行期限屆滿時應即撤銷協尋。

（四）違反執行之處置

依少年事件處理法第55條之3規定，少年無正當理由拒絕接受訓誡及假日生活輔導處分時，少年保護官、少年之法定代理人或現在保護少年之人、福利、教養機構、醫療機構、執行過渡性教育措施或其他適當措施之處所，得聲請少年法院核發勸導書，經勸導無效者，各該聲請人得聲請少年法院裁定留置少年於少年觀護所中，予以五日內之觀察。又應注意者，依少年事件處理法第57條第1項規定，此項留置觀察亦應自處分裁定之日起，二年內執行之，逾期免予執行。

實務上對於此類案件均分「聲觀」案號加以處理，惟事實上有關拒絕接受訓誡處分之執行者甚少以留置觀察處理，蓋於此情形通常得依同行或協尋強制少年到案後立即加以執行，無再予留置觀察之必要。

二、保護管束及勞動服務

（一）執行之方式

　　依少年事件處理法第51條第1項規定，對於少年之保護管束，由少年保護官掌理之；少年保護官應告少年以應遵守之事項，與之常保接觸，注意其行動，隨時加以指示；並就少年之教養、醫治疾病、謀求職業及改善環境，予以相當輔導。因而對於少年之保護管束，由少年保護官負責進行執行，少年受保護管束處分者，應由少年法院法官簽發執行書，連同裁定書及其他相關資料交由少年保護官加以執行。而少年保護官在執行保護管束之時，應告知少年應遵守之相關事項，並與少年經常保持接觸，注意其行動，隨時對於其行為加以指示；並就少年之教養、醫治疾病、謀求職業及改善環境，予以相當輔導。

　　少年事件處理法第51條第2項規定，少年保護官因執行保護管束之職務，應與少年之法定代理人或現在保護少年之人為必要之洽商，此乃因少年之法定代理人或現在保護少年之人對於少年之瞭解較為深入，如可與其等共同商討，則對於個別少年之保護管束之進行，應能收到更佳之效果。

　　為妥善利用社會福利機構與少年相關個人之資源，以補少年法院本身之不足，少年事件處理法第51條第3項特別規定，少年法院得依少年保護官之意見，將少年交付適當之福利或教養機構、慈善團體、少年之最近親屬或其他適當之人保護管束，惟此時仍應受少年保護官之指導，以免發生不當執行之情形。

　　又少年如受保護管束之同時所命為勞動服務，則依少年事件處理法第55條之1規定，執行勞動服務為三小時以上五十小時以下，由少年保護官執行，其期間視輔導之成效而定。

（二）執行之限制

1.期間之限制

　　保護管束之執行期間，依少年事件處理法第53條規定，不得逾三年，

而此三年期間之起算日，應自少年報到開始計算。

2.年齡之限制

又少年保護處分之執行，至多執行至滿二十一歲為止，少年事件處理法第54條第1項定有明文，故保護管束之執行亦受此項限制，少年滿二十一歲時即應停止保護管束之執行。

3.時效之限制

依少年事件處理法第57條第2項規定，保護管束處分之執行，自應執行之日起，經過三年未執行者，非經少年法院裁定應執行時，不得執行之。此處所謂之「應執行之日起」，與上開執行訓誡及假日生活輔導處分所規定之「自處分裁定之日起」不同，因而其究係以何時開始起算產生爭議。而目前實務上亦認為，此處所稱應執行之日，係指由少年法院法官簽發執行書，連同裁判書及相關資料交付少年保護官執行，並命受保護管束少年及其法定代理人向少年保護官報到之日為計算基準[76]。

又應注意者，依少年事件處理法第57條第2項規定，經過三年未執行者，並非不得再予執行，而係非經少年法院裁定應執行時，不得執行之，故此時少年法院應審酌少年當時之各項情況，如家庭環境、教育或就業狀況等等，以認定少年有無施以保護管束處分之必要，而作出適當之裁定；此與訓誡及假日生活輔導處分，自處分裁定之日起逾二年未執行則免予執行之情形有所不同。

（三）強制到場

少年受保護管束之處分後，少年法院之法官即得依少年事件處理法第59條第1項規定，於必要時，對少年發通知書，如少年經通知無正當理由未到場，則可發同行書或請有關機關協尋之；至於少年保護官因執行保護

---

76 參見臺灣高等法院暨所屬法院91年法律座談會刑事類提案第35號，臺灣高等法院暨所屬法院91年法律座談會彙編，2003年7月，頁492至496。

管束之處分，於必要時亦得以其名義對少年發通知書。有關通知書、同行書及協尋書之核發及記載等事項，均準用少年事件處理法第21條第3項、第4項、第22條第2項、第23條及第23條之1等相關規定處理。

又因少年事件處理法第23條之1第4項前段規定，協尋於其原因消滅或顯無必要時，應即撤銷，故如有上開發布協尋之情形，應注意保護管束執行之期限，如係年滿二十一歲則應撤銷協尋，如係自應執行之日起逾三年，則應視有無裁定應為執行，如未經裁定應為執行，則仍應撤銷協尋。

（四）違反執行之處置

1.留置觀察

少年在執行保護管束之處分時，如有不當之行為而違反應遵守之事項時，少年保護官應加以勸導，惟此時少年如不服從勸導，自應賦予少年法院權限，以對於少年採取進一步之保護措施導正其行為。因而少年事件處理法第55條第3項即規定，少年在保護管束執行期間，違反應遵守之事項，不服從勸導達二次以上，而有觀察之必要者，少年保護官得聲請少年法院裁定留置少年於少年觀護所中，予以五日以內之觀察，此即所謂之「留置觀察」。

2.撤銷保護管束改執行感化教育

少年如在接受保護管束之執行期間有違反應遵守之事項，而其情節相當嚴重，或業經受留置觀察之處置，仍未能警惕，而再度違反應遵守之事項，此時如有具體事證認為保護管束之處分對於少年已難收預期之效果，則少年事件處理法賦予少年法院得以更易保護處分之權限。

因此少年事件處理法第55條第4項即規定，少年在保護管束期間違反應遵守之事項，情節重大，或曾受同條第3項之觀察處分後，再違反應遵守之事項，足認保護管束難收效果者，少年保護官得聲請少年法院裁定撤銷保護管束，將所餘之執行期間令入感化處所施以感化教育，其所餘之期間不滿六月者，應執行至六月。

（五）執行之免除

少年事件處理法第55條第1項規定，保護管束之執行，已逾六月，著有成效，認無繼續之必要者，或因事實上原因，以不繼續執行為宜者，少年保護官得檢具事證，聲請少年法院免除其執行。故保護管束之執行如有下列情形者，得由少年保護官檢具事證，聲請少年法院免除執行：

1.執行逾六個月著有成效而無繼續執行之必要

此為對於經保護管束執行之少年已確實知錯並已改過遷善者之一種鼓勵，認為經保護管束之輔導一定期間，少年既已回復正常生活，自然無必要對其繼續施行保護管束之處分。

2.因事實上原因，以不繼續執行為宜

少年如因事實上之原因，認為以不繼續執行保護管束為宜者，亦可不繼續執行，例如少年服兵役，則其在軍中管制下，行為受到約束，且事實上執行保護管束亦有所不便，故得免除保護管束之執行。

又少年、少年之法定代理人、現在保護少年之人，對於少年經過保護管束執行一定期間後之改變最為清楚，如其等認為保護管束之執行確實產生成效，已使少年改過向上，或有事實上不繼續執行為宜之原因時，亦得請求少年保護官為免除保護管束之聲請，此時除顯無理由外，少年保護官不得拒絕。

三、安置輔導

（一）執行之方式

依少年事件處理法第52條第1項規定，對於少年之交付安置輔導時，由少年法院依其行為性質、身心狀況、學業程度及其他必要事項，分類交付適當之福利、教養機構、醫療機構、執行過渡性教育措施、其他適當措施之處所或感化教育機構執行之，受少年法院之指導。如前所述，此項處分係民國86年修正時所增列，並於少年事件處理法第54條第2項規定，執

行安置輔導之福利及教養機構之設置及管理辦法，由少年福利機構及兒童福利機構之中央主管機關定之。故在此之前並無相關安置輔導之福利及教養機構之設置，直至民國91年3月28日少年福利機構及兒童福利機構之中央主管機關（即內政部），始發布「少年安置輔導之福利及教養機構設置管理辦法」作為設置相關機構之依據。

民國108年7月11日少年安置輔導之福利及教養機構設置管理辦法大幅修正，依照修正後之第2條規定，本辦法所稱少年安置輔導之福利及教養機構（以下簡稱安置機構），指依兒童及少年福利與權益保障法及其相關法規許可設立辦理安置及教養業務之兒童及少年福利機構。第5條規定，安置機構辦理安置輔導業務時，應依本法、兒童及少年福利與權益保障法、少年及兒童保護事件執行辦法（註：民國111年1月5日廢止）及本辦法之相關規定辦理。第6條則規定，安置機構受託辦理安置輔導業務時，應與法院訂定契約。前項契約內容，應包括委託期間、費用基準、個案管理及其他相關事項。法院交付安置個案時，安置機構應以資訊管理系統、電信傳真或其他科技設備傳送方式，通知主管機關、安置機構所在地及個案戶籍地之直轄市、縣（市）政府；安置輔導結束時，亦同。

（二）執行之限制

1.期間之限制

安置輔導之期間，依少年事件處理法第55條之2第1項規定，為二月以上二年以下。

2.年齡之限制

另保護處分之執行，至多執行至滿二十一歲為止，此於少年事件處理法第54條第1項有明文規定，故安置輔導之期限亦受此限制，至多執行至滿二十一歲為止，自不待言。

3.時效之限制

此外，安置輔導與保護管束相同，均自應執行之日起，經過三年未執行者，非經少年法院裁定應執行時，不得執行之，此亦經少年事件處理法第57條第2項所明定。至其立法理由及應執行之日之計算，均與保護管束相同，可參考上開保護管束之執行期限所述內容。

（三）強制到場

少年受安置輔導之處分後，少年法院之法官即得依少年事件處理法第59條第1項規定，於必要時，對少年發通知書，如少年經通知無正當理由未到場，則可發同行書或請有關機關協尋之；至於少年保護官因執行安置輔導之處分，於必要時亦得以其名義對少年發通知書。有關通知書、同行書及協尋書之核發及記載等事項，均準用少年事件處理法第21條第3項、第4項、第22條第2項、第23條及第23條之1等相關規定。

又因少年事件處理法第23條之1第4項前段規定，協尋於其原因消滅或顯無必要時，應即撤銷，故如有上開發布協尋之情形，應注意安置輔導執行之期限，如係年滿二十一歲則應撤銷協尋，如係自應執行之日起逾三年，則應視有無裁定應為執行，如未經裁定應為執行，則仍應撤銷協尋。

（四）違反執行之處置

1.留置觀察

依少年事件處理法第55條之3規定，少年無正當理由拒絕接受安置輔導之處分時，少年調查官、少年保護官、少年之法定代理人或現在保護少年之人、福利、教養機構、醫療機構、執行過渡性教育措施或其他適當措施之處所，得聲請少年法院核發勸導書，加以勸導，如經勸導仍無效果者，上開聲請人均得聲請少年法院裁定留置少年於少年觀護所中，予以五日內之觀察。此條之規定與少年執行保護管束違反應遵守事項，不受勸導二次以上時，得聲請留置觀察之規定相同，均在對於少年採取進一步之保護措施導正其行為。

2.撤銷安置輔導改執行感化教育

　　如上開所述，安置輔導係在少年之非行主要源自於家庭功能喪失時，將少年安置於適當之福利機構內以代替家庭教育之功能，導正少年之行為。故如少年在安置輔導之機構內，違反應遵守之事項，情節重大，或曾受上開所述留置觀察之處分後，再違反應遵守之事項等情事，則表示少年仍無法安心接受安置機構所提供之教導，此時即無再予少年繼續安置輔導之必要。故少年事件處理法第55條之2第5項即規定，少年在安置輔導期間違反應遵守之事項，情節重大，或曾受上開所述留置觀察之處分後，再違反應遵守之事項，足認安置輔導難收效果者，少年保護官、負責安置輔導之福利、教養機構、醫療機構、執行過渡性教育措施或其他適當措施之處所、少年之法定代理人或現在保護少年之人得檢具事證，聲請少年法院裁定撤銷安置輔導，將所餘之執行期間令入感化處所施以感化教育，其所餘之期間不滿六月者，應執行至六月。

（五）執行之免除

　　依照少年事件處理法第55條之2第2項規定，前項執行已逾二月，著有成效，認無繼續執行之必要者，或有事實上原因以不繼續執行為宜者，少年保護官、負責安置輔導之福利、教養機構、醫療機構、執行過渡性教育措施或其他適當措施之處所、少年、少年之法定代理人或現在保護少年之人得檢具事證，聲請少年法院免除其執行。此為安置輔導執行免除之規定，蓋如有執行已逾二月有成效，或有事實上原因以不繼續執行為宜者，即無再行繼續安置執行之必要，此時應可依照少年保護官等相關人士或機構、處所之聲請免除繼續執行，以應實際之情況所需。

1.執行逾二個月著有成效而無繼續執行之必要

　　對於經安置輔導之少年，已可認為其經一定期間安置輔導之執行後，確實知錯並已改過向上時，自然無必要對其繼續施以安置輔導之處分，故特別規定執行經過二個月並產生一定成效者，得作為聲請免除執行之事由。

2.因事實上原因，以不繼續執行為宜

少年如因事實上之原因，認為以不繼續執行安置輔導為宜者，亦可不繼續執行，例如少年服兵役，則其在軍中管制下，行為受到約束，且事實上無法執行安置輔導，故此時亦可聲請免除安置輔導之執行，以利少年盡服兵役之義務。

（六）執行之延長及變更

1.安置輔導之延長

安置輔導期滿，如少年保護官、負責安置輔導之福利、教養機構、醫療機構、執行過渡性教育措施或其他適當措施之處所、少年、少年之法定代理人或現在保護少年之人，認為少年有繼續受安置輔導之必要者，得聲請少年法院裁定延長，延長執行之次數以一次為限，其期間不得逾二年，此於少年事件處理法第55條之2第3項定有明文。

2.安置輔導之變更

安置輔導之機構特性各有不同，而受安置輔導處分之少年是否能適應其受安置之機構，有時在安置前甚難正確評估，故如少年執行安置輔導一段時間後認為無法適應該安置機構，則應有變更安置機構之措施以資因應，故少年事件處理法第55條之2第4項即規定，安置輔導之執行已逾二月，認有變更安置輔導之福利、教養機構、醫療機構、執行過渡性教育措施或其他適當措施之處所之必要者，少年保護官、少年、少年之法定代理人或現在保護少年之人得檢具事證或敘明理由，聲請少年法院裁定變更。

少年法院於裁定變更安置輔導機構前應藉由少年保護官之介入，以瞭解原安置機構為何不適合少年之安置及少年之實際需求，而在裁定中具體指定適合之福利教養機構作為新安置輔導之機構。

四、感化教育

（一）執行之方式

　　感化教育係少年事件處理法第42條第1項所規定之保護處分各項主要處分中最為嚴重者，通常少年之非行情節重大，犯罪之性格明顯，且家庭功能喪失，安置機構復不能約束其行為者，始會受到感化教育之處分，使其與社區強制隔離，以矯正其性格。故而感化教育處分性質上屬最後之手段，少年法院之法官應視少年之人格特質、性格、行為偏差程度、家庭功能可否彰顯、觸法樣態嚴重與否、需高度保護性及身心狀況等綜合評估而為審慎之決定。

　　依少年事件處理法第52條第1項規定，對於少年施以感化教育時，由少年法院依其行為性質、身心狀況、學業程度及其他必要事項，分類交付適當之感化教育機構執行之，受少年法院之指導。第2項則規定，感化教育機構之組織及其教育之實施，以法律定之。原本執行感化教育之機構均係以「少年輔育院」之名稱稱之，惟為因應少年矯正機關學校化之目標，政府乃於民國86年制定少年矯正學校設置及教育實施通則，據以設置少年矯正學校以負責少年感化教育處分之執行，並取代原有之少年輔育院。依照通則第3條第1項規定，所稱矯正教育之實施，係指少年徒刑、拘役及感化教育處分之執行，應以學校教育方式實施之。依此通則之規定，目前全國共設置有四所執行感化教育之少年矯正學校，即新竹誠正中學、桃園敦品中學、彰化勵志中學，女性之少年係統一在彰化勵志中學校執行。學校並分為高中普通科及技職部分，以落實少年之司法權，使接受感化教育處分之少年能以學生之身分，繼續接受正常之學校教育，學習不因接受感化教育而中斷，受教育之權益亦得以獲得維護。

（二）執行之期限

1.期間之限制

　　感化教育之執行期間，依少年事件處理法第53條規定，不得逾三年；

而此三年期間之起算日，應自少年報到開始計算。

2.年齡之限制

又少年保護處分之執行，至多執行至滿二十一歲為止，少年事件處理法第54條第1項定有明文，故感化教育之執行亦同受此項限制，少年滿二十一歲時即應停止感化教育之執行。

3.時效之限制

依少年事件處理法第57條第2項規定，感化教育處分之執行，自應執行之日起，經過三年未執行者，非經少年法院裁定應執行時，不得執行之。此處所謂之「應執行之日起」，與上開保護管束之規定相同，而與執行訓誡及假日生活輔導處分所規定之「自處分裁定之日起」不同，因而其究係以何時開始起算產生爭議。

又應注意者，依少年事件處理法第57條第2項規定，經過三年未執行者，並非不得再予執行，而係非經少年法院裁定應執行時，不得執行之，故此時少年法院應審酌少年當時之各項情況，如家庭環境、教育或就業狀況等等，以認定少年有無執行感化教育之必要，而作出適當之裁定；此與保護管束之規定相同，而與訓誡及假日生活輔導處分，自處分裁定之日起逾二年未執行則免予執行之情形有所不同。

有疑問者，乃少年如因甲案經裁定感化教育，則其另乙案部分經裁定收容或羈押，得否折抵感化教育執行之期間。實務上認為，如甲、乙二案經併案審理，則可折抵；如未經併案審理，則因少年事件之審理係以人為對象，而非以事件為對象，且依少年保護事件審理細則第6條之規定，少年法院先後受理同一少年之本法第3條第1項所列事件者，應併案處理之，故應認未經併案審理之乙案收容或羈押期間仍得折抵，較能保障少年之權益[77]。

---

[77] 參見臺灣高等法院暨所屬法院座談會決議，刑事法律問題研究彙編第三輯，頁835。

（三）強制到場

　　少年受感化教育之處分後，少年法院之法官即得依少年事件處理法第59條第1項規定，於必要時，對少年發通知書，如少年經通知無正當理由未到場，則可發同行書或請有關機關協尋之；至於少年保護官因執行感化教育之處分，於必要時亦得以其名義對少年發通知書。有關通知書、同行書及協尋書之核發及記載等事項，均準用少年事件處理法第21條第3項、第4項、第22條第2項、第23條及第23條之1等相關規定處理。

　　又因少年事件處理法第23條之1第4項前段規定，協尋於其原因消滅或顯無必要時，應即撤銷，故如有上開發布協尋之情形，應注意感化教育執行之期限，如係年滿二十一歲則應撤銷協尋，如係自應執行之日起逾三年，則應視有無裁定應為執行，如未經裁定應為執行，則仍應撤銷協尋。

（四）執行之免除或停止

　　感化教育之執行如已達一定期間，對於少年而言即有可能產生一定之功效，故少年事件處理法第56條第1項即規定，感化教育之執行已逾六月，認無繼續執行之必要者，得由少年保護官或執行機關檢具事證，聲請少年法院裁定免除或停止其執行。

　　由上開規定可知，得聲請少年法院停止或免除感化教育執行者，為少年保護官或執行機關，惟依少年事件處理法第55條第2項規定，少年或少年之法定代理人認感化教育之執行有上開所述之情形時，得請求少年保護官聲請，除顯無理由外，少年保護官不得拒絕。此處所稱之顯無理由應以何為標準，實務見解似傾向於，少年保護官僅須依形式上審查即可，亦即少年執行感化教育已逾六個月之形式條件符合後，少年保護官應向法官提出聲請，未逾六個月逕行拒絕；至於實質上少年有無繼續執行之必要，則由法官認定後為准駁與否之裁定[78]。

　　又如少年法院依上開少年保護官或執行機關之聲請而作出停止執行之

---

[78] 參見96年觀護業務研討會研討問題提案第2號。

裁定時，所餘之執行時間，應由少年法院裁定交付保護管束。此時上開所述少年事件處理法第55條所規定，有關保護管束免除、留置觀察及撤銷保護管束改執行感化教育等均準用之；且其中如係繼續執行感化教育時，其先前停止執行之期間不算入感化教育執行之期間。

五、禁戒及治療

少年如受併為保護處分時，依少年事件處理法第58條第2項之規定，其處分與保護管束一併諭知者，同時執行之；與安置輔導或感化教育一併諭知者，先執行之，但其執行無礙於安置輔導或感化教育之執行者，同時執行之。故禁戒及治療之併為處分，與保護管束之處分同時執行，與安置輔導或感化教育之處分，得視情況同時或先為執行。又同條第3項亦規定，依禁戒或治療處分之執行，少年法院認為無執行保護處分之必要者，得免其保護處分之執行，故如於少年先執行禁戒及治療處分後，認為依其情況已無執行安置輔導或感化教育之處分時，得免其執行。

六、教養費用之負擔及執行

國家對於非行之少年固然有義務執行保護處分，以達到教育少年之目的，惟有關執行時之教養費用，亦不應完全由國家負擔，此對於全體納稅義務人並不公平，因而少年事件處理法第60條第1項即規定，少年法院諭知保護處分之裁定確定後，其執行保護處分所需教養費用，得斟酌少年本人或對少年負扶養義務人之資力，以裁定命其負擔全部或一部；其特殊清寒無力負擔者，豁免之。前述裁定，得為民事強制執行名義，由少年法院囑託各該法院民事執行處強制執行，免徵執行費。依此規定，可分為下列各項說明之：

（一）聲請人

少年事件處理法並未規定得聲請負擔教養費用之人，惟實務上一般認

為，得由教養機構或少年保護官向少年法院聲請，亦得由少年法院之法官依職權為之[79]。

（二）負擔義務人

負擔教養費用之義務人為少年本人或對少年負扶養義務人，實務上認為若少年之父母俱存者，法院自得斟酌實際行使教養之義務及具經濟能力者為裁定，至若認父母二人共同負擔，亦無不可[80]。

（三）負擔之內容

少年事件處理法雖規定有執行保護處分所需費用，惟實際上僅安置輔導及感化教育有產生教養費用之問題，至於訓誡、假日生活輔導及保護管束則無此問題。

實務上在感化教育方面，均由少年矯正學校提出教養費用之明細，函送少年法院裁定，較無問題；惟安置輔導部分，則因多係民間之福利機構，故較少主動向少年法院陳報教養之費用，故宜由少年法院在與各該安置輔導機構簽訂合約時，約明安置輔導機構得於執行安置輔導完畢後，就投養之費用作出明細，函送少年法院，以便少年法院作出裁定。而少年法院在作負擔教養費用之裁定時，應斟酌少年本人或對少年負扶養義務人之資力情形，以裁定負擔費用，最多可全額由少年本人或對少年負扶養義務人負擔，至於有特殊清寒無力負擔者亦可豁免其負擔之義務。

（四）執行之方式

少年法院所為負擔教養費用之裁定，得直接作為民事強制執行名義，無須另外再取得執行名義，由少年法院囑託各該法院民事執行處強制執

---

[79] 參見少年法院（庭）庭長、法官業務研討會第15則，司法院第1期少年法院（庭）庭長、法官業務研討會研究專輯，2003年12月，頁202至209。
[80] 參見少年法院（庭）庭長、法官業務研討會第14則，司法院第1期少年法院（庭）庭長、法官業務研討會研究專輯，2003年12月，頁198至201。

行，免徵執行費。至聲請強制執行之債權人，實務上認為應屬為教養費用裁定之少年法院[81]。

第三節　抗告及重新審理

　　少年事件處理法對於少年法院所作之裁定或處分有關於得抗告或聲請重新審理之規定，此為有關當事人對於原裁定或處分不服時之救濟途徑，茲分別論述如下。

一、抗告

　　所謂抗告，乃有抗告權之特定人，對於少年法院之裁定或處分認為有違法或不當之處，而以書狀向上級管轄法院請求撤銷或變更原裁定或處分，另為適當裁定或處分之行為。少年事件處理法有關少年保護事件之裁定或處分得提起抗告之情形有二類，一為少年之抗告，一為被害人之抗告，以下分別述之：

（一）少年之抗告

　　依少年事件處理法第61條規定，少年、少年之法定代理人、現在保護少年之人或輔佐人，對於少年法院所為下列之裁定有不服者，得提起抗告。但輔佐人提起抗告，不得與選任人明示之意思相反：1.第26條第1款交付少年調查官為適當輔導之裁定。2.第26條第2款命收容或駁回聲請責付之裁定。3.第26條之2第1項延長收容或駁回聲請撤銷收容之裁定。4.第27條第1項、第2項之裁定。5.第29條第1項之裁定。6.第40條之裁定。7.第42條之處分。8.第55條第3項、第55條之3留置觀察之裁定及第55條第4項之撤銷保護管束執行感化教育之處分。9.第55條之2第3項延長安置輔導期

---

81 參見94年少年法院（庭）庭長法官業務研討會法律問題提案第9號。

間之裁定、第5項撤銷安置輔導執行感化教育之處分。10.駁回第56條第1項聲請免除或停止感化教育執行之裁定。11.第56條第4項命繼續執行感化教育之處分。12.第60條命負擔教養費用之裁定。

少年、少年之法定代理人、現在保護少年之人或輔佐人對於少年法院所為上開裁定或處分不服時得提起抗告，至於其他少年法院所為之裁定或處分，其等即不得提起抗告。惟少年、少年之法定代理人或現在保護少年之人，依少年事件處理法第31條第1項所選任之輔佐人，其目的既在為少年之利益為法律及事實之陳述，則其提起抗告自然應受選任人意思之限制，故其提起抗告不得與選任人明示之意思相反。

（二）被害人之抗告

依少年事件處理法第62條第1項，少年行為之被害人或其法定代理人，對於少年法院之下列裁定，得提起抗告：1.依第28條第1項所為不付審理之裁定。2.依第29條第1項所為不付審理，並為轉介輔導、交付嚴加管教或告誡處分之裁定。3.依第41條第1項諭知不付保護處分之裁定。4.依第42條第1項諭知保護處分之裁定。少年非行行為之被害人常亦為少年，故為實際之需要，除被害人外，被害人之法定代理人亦同為有抗告權之人。

又上開同條第2項規定，被害人已死亡或有其他事實上之原因不能提起抗告者，得由其配偶、直系血親、三親等內之旁系血親、二親等內之姻親或家長家屬提起抗告。此乃在於被害人已死亡或因其他事實上之原因，如被害人已成植物人而不能提起抗告時，為保護被害人既有之權利，特別規定得由其配偶、直系血親、三親等內之旁系血親、二親等內之姻親或家長家屬提起抗告，此時其配偶、直系血親、三親等內之旁系血親、二親等內之姻親或家長家屬乃係基於法律賦予之權利而抗告，故係獨立抗告，惟其是否得與被害人生前明示之意思相反，則恐有爭議，此在將來修法時應予考量。

（三）抗告之管轄法院

依少年事件處理法第63條第1項規定，抗告以少年法院之上級法院為管轄法院，惟因目前我國少年法院之設置尚未普遍，故對於少年法庭之裁定或處分，則應以該少年法庭所屬法院之上級法院為管轄法院。

（四）再抗告之限制

少年事件處理法第63條第2項規定，對於抗告法院之裁定，不得再行抗告。故抗告法院之裁定即為最終確定之裁定，少年或其他有抗告權之人均不得再行抗告。

（五）抗告之期間

依少年事件處理法第64條第1項規定，對於少年法院裁定或處分之抗告，其抗告期間為十日，此十日係自送達裁定後起算，但裁定宣示後送達前之抗告亦有效力。

（六）刑事訴訟法之準用

依少年事件處理法第64條第2項規定，刑事訴訟法第407條至第414條及本章第一節有關之規定，於本節抗告準用之。

故刑事訴訟法第407條有關抗告程序之規定[82]、第408條有關原審法院對於抗告處置之規定[83]、第409條有關抗告效力之規定[84]、第410條有關卷宗及證物之送交及裁定期間之規定[85]、第411條有關抗告法院對不合法抗告

---

[82] 刑事訴訟法第407條規定：「提起抗告，應以抗告書狀，敘述抗告之理由，提出於原審法院為之。」

[83] 刑事訴訟法第408條規定：「原審法院認為抗告不合法律上之程式或法律上不應准許，或其抗告權已經喪失者，應以裁定駁回之。但其不合法律上之程式可補正者，應定期間先命補正。原審法院認為抗告有理由者，應更正其裁定；認為全部或一部無理由者，應於接受抗告書狀後三日內，送交抗告法院，並得添具意見書。」

[84] 刑事訴訟法第409條規定：「抗告無停止執行裁判之效力。但原審法院於抗告法院之裁定前，得以裁定停止執行。抗告法院得以裁定停止裁判之執行。」

[85] 刑事訴訟法第410條規定：「原審法院認為有必要者，應將該案卷宗及證物送交抗告法院。抗告法院認為有必要者，得請原審法院送交該案卷宗及證物。抗告法院收到該案卷宗及證物後，應於十日內裁定。」

處置之規定[86]、第412條有關對無理由抗告裁定之規定[87]、第413條有關對有理由抗告裁定之規定[88]、第414條有關裁定通知之規定[89]等等，於少年事件之抗告程序中均得加以準用。

　　此外，少年事件處理法第三章第一節有關調查及審理相關規定，於抗告程序中亦準用之，故抗告法院認為原法院所為之裁定不當時，得撤銷原裁定，並自為裁定，無需發回原法院另作裁定，以使事件早日確定，從而少年得以獲得較為快速之處分結果。

二、重新審理

　　少年事件處理法所規定之重新審理，其制度之設計類似刑事訴訟法之再審，係對於少年法院所作之確定裁定，在一定之條件下，得以再開審理之程序。少年事件處理法所規定之重新審理可分為二種，第一種為對於確定之保護處分裁定所為之重新審理，另一種為對於確定之不付保護處分裁定所為之重新審理，以下分別論述之：

（一）確定之保護處分裁定之重新審理

1.聲請人

　　依少年事件處理法第64條之1第1項規定，對於確定之保護處分之裁定得聲請重新審理之人，為少年保護官、少年、少年之法定代理人、現在保護少年之人或輔佐人，除此之外其他人均無權對於確定之保護處分之裁定聲請重新審理。

---

86 刑事訴訟法第411條規定：「抗告法院認為抗告有第四百零八條第一項前段之情形者，應以裁定駁回之。但其情形可以補正而未經原審法院命其補正者，審判長應定期間先命補正。」

87 刑事訴訟法第412條規定：「抗告法院認為抗告無理由者，應以裁定駁回之。」

88 刑事訴訟法第413條規定：「抗告法院認為抗告有理由者，應以裁定將原裁定撤銷；於有必要時，並自為裁定。」

89 刑事訴訟法第414條規定：「抗告法院之裁定，應速通知原審法院。」

2.聲請之事由

　　依少年事件處理法第64條之1第1項規定，符合下列情形者，得聲請重新審理：（1）適用法規顯有錯誤，並足以影響裁定之結果者。（2）因發見確實之新證據，足認受保護處分之少年，應不付保護處分者。（3）有刑事訴訟法第420條第1項第1款、第2款、第4款或第5款所定得為再審之情形者。所謂刑事訴訟法第420條第1項第1款、第2款、第4款或第5款所定得為再審之情形者，乃指下列情形：（1）原判決所憑之證物已證明其為偽造或變造者。（2）原判決所憑之證言、鑑定或通譯已證明其為虛偽者。（3）原判決所憑之通常法院或特別法院之裁判已經確定裁判變更者。（4）參與原判決或前審判決或判決前所行調查之法官，或參與偵查或起訴之檢察官，或參與調查犯罪之檢察事務官、司法警察官或司法警察，因該案件犯職務上之罪已經證明者，或因該案件違法失職已受懲戒處分，足以影響原判決者而言。

　　其中適用法規顯有錯誤者，實務上認為包括原裁定違背法令及訴訟程序違背法令[90]，惟必須其錯誤足以影響裁定之結果，如其錯誤對於裁定之結果不生影響，仍不得聲請重新審理。

　　至於所謂發見確實之新證據，實務上認為該項證據於事實審法院判決前已經存在，當時未能援用審酌，至其後始行發見者而言[91]，故此處之新證據必須屬於在少年法院或抗告法院審理時已經存在，而未及發現審酌之證據，始得謂新證據，若於審理時尚未存在且審理時已經審酌而不加採用之證據，均非此處之新證據。且實務上一般亦認為，此一新證據須足以動搖原來保護處分之裁定，始足當之[92]，否則仍不得聲請重新審理。

---

90 參見最高法院91年台非字第152號判例。該判例稱：「刑事訴訟法第441條之審判違背法令，包括原判決違背法令及訴訟程序違背法令，後者係指判決本身以外之訴訟程序違背程序法之規定，與前者在理論上雖可分立，實際上時相牽連。」
91 參見最高法院72年度第11次刑事庭會議決議。
92 參見最高法院50年台抗字第104號判例。該判例稱：「刑事訴訟法第413條第1項第6款所謂確實之新證據，固非以絕對不須經過調查程序為條件，但必須可認為確實足以動搖原確定判決而為受判決人有利之判決者為限。」

3.刑事訴訟法之準用

　　依少年事件處理法第64條之1第2項規定，刑事訴訟法第423條[93]、第429條[94]、第430條前段[95]、第431條至第434條[96]、第435條第1項、第2項[97]、第436條[98]之規定，於重新審理程序準用之。故保護處分之裁定已執行完畢或不須受執行時，仍得提起重新審理之聲請；聲請重新審理，應以書狀敘述理由，附具原判決之繕本及證據，提出於管轄法院為之；聲請重新審理，並無停止保護處分執行之效力，但管轄之少年法院法官於重新審理裁定前，得命停止；重新審理之聲請，於裁定前，得撤回之，撤回後不得以同一原因聲請重新審理；聲請不合法或無理由，法院應以裁定駁回，如係無理由駁回，不得更以同一原因聲請；法院如認為重新審理之聲請有理由，應為開始審理之裁定，並得以裁定停止保護處分之執行；重新審理之裁定確定後，法院應依其審級之審理程序更為審理。

　　有疑問者，在少年死亡之情形，少年事件處理法第64條之1第2項並未有準用刑事訴訟法第427條之規定[99]，惟少年死亡似仍有為其利益聲請重新審理之必要，故此恐為立法之疏漏，應於將來修法時加以增訂。

---

93 刑事訴訟法第423條規定：「聲請再審於刑罰執行完畢後，或已不受執行時，亦得為之。」

94 刑事訴訟法第429條規定：「聲請再審，應以再審書狀敘述理由，附具原判決之繕本及證據，提出於管轄法院為之。但經釋明無法提出原判決之繕本，而有正當理由者，亦得同時請求法院調取之。」

95 刑事訴訟法第430條規定：「聲請再審，無停止刑罰執行之效力。但管轄法院之檢察官於再審之裁定前，得命停止。」

96 刑事訴訟法第431條規定：「再審之聲請，於再審判決前，得撤回之。撤回再審聲請之人，不得更以同一原因聲請再審。」第432條規定：「第三百五十八條及第三百六十條之規定，於聲請再審及其撤回準用之。」第433條規定：「法院認為聲請再審之程序違背規定者，應以裁定駁回之。」第434條規定：「法院認為無再審理由者，應以裁定駁回之。聲請人或受裁定人不服駁回聲請之裁定者，得於裁定送達後十日內抗告。經前項裁定後，不得更以同一原因聲請再審。」

97 刑事訴訟法第435條第1項、第2項規定：「法院認為有再審理由者，應為開始再審之裁定。為前項裁定後，得以裁定停止刑罰之執行。」

98 刑事訴訟法第436條規定：「開始再審之裁定確定後，法院應依其審級之通常程序，更為審判。」

99 刑事訴訟法第427條規定：「為受判決人之利益聲請再審，得由左列各人為之：一、管轄法院之檢察官。二、受判決人。三、受判決人之法定代理人或配偶。四、受判決人已死亡者，其配偶、直系血親、三親等內之旁系血親、二親等內之姻親或家長、家屬。」

4.依職權重新審理

依少年事件處理法第64條之1第3項規定，為保護處分之少年法院發現有上述所稱得聲請重新審理之事由存在者，亦得不待聲請而依職權為應重新審理之裁定。

5.不利益變更禁止

依少年事件處理法第64條之1第4項規定，少年如已受保護處分之執行完畢後，因重新審理之結果，認為有須受刑事訴追之情形者，其不利益不及於少年，故此時少年法院不得裁定將少年移送於有管轄權之檢察署檢察官進行刑事之訴追。

（二）確定之不付保護處分裁定之重新審理

1.聲請人

依少年事件處理法第64條之2第1項規定，對於確定之不付保護處分之裁定得聲請重新審理之人，為少年行為之被害人或其法定代理人，除此之外其他人均無權對於確定之不付保護處分之裁定聲請重新審理。

2.聲請之事由

而依少年事件處理法第64條之2第1項規定，對於確定之不付保護處分裁定得聲請重新審理之事由有二：（1）有刑事訴訟法第422條第1款得為再審之情形。（2）經少年自白或發見確實之新證據，足認其有第3條第1項行為應諭知保護處分。

所謂刑事訴訟法第422條第1款之原因，即係指刑事訴訟法第420條第1項第1款、第2款、第4款或第5款所定得為再審之情形，亦即指下列情形：（1）原判決所憑之證物已證明其為偽造或變造者。（2）原判決所憑之證言、鑑定或通譯已證明其為虛偽者。（3）原判決所憑之通常法院或特別法院之裁判已經確定裁判變更者。（4）參與原判決或前審判決或判決前所行調查之法官，或參與偵查或起訴之檢察官，或參與調查犯罪之檢察事

務官、司法警察官或司法警察，因該案件犯職務上之罪已經證明者，或因該案件違法失職已受懲戒處分，足以影響原判決者而言。

3.刑事訴訟法之準用

依少年事件處理法第64條之2第2項，刑事訴訟法第429條、第431條至第434條、第435條第1項、第2項及第436條之規定，於重新審理程序準用之。故對於確定之不付保護處分之裁定，應以書狀敘述理由，附具原判決之繕本及證據，提出於管轄法院為之；聲請重新審理，並無停止保護處分執行之效力，但管轄之少年法院法官於重新審理裁定前，得命停止；重新審理之聲請，於裁定前，得撤回之，撤回後不得以同一原因聲請重新審理；聲請不合法或無理由，法院應以裁定駁回，如係無理由駁回，不得更以同一原因聲請；法院如認為重新審理之聲請有理由，應為開始審理之裁定，並得以裁定停止保護處分之執行；重新審理之裁定確定後，法院應依其審級之審理程序更為審理。

4.依職權重新審理

依少年事件處理法第64條之2第3項規定，為不付保護處分之少年法院發見有上述所稱得聲請重新審理之事由存在者，亦得不待聲請而依職權為應重新審理之裁定。

5.期間之限制

依少年事件處理法第64條之2第4項規定，不付保護處分之裁定確定後經過一年者，不得再依聲請或依職權重新審理。此項規定乃在於使少年所受不付保護處分之效力，得在一年後完全確立，不至於因重新審理之制度，而一直處於可能再受保護處分之裁定，以保障少年之權利，並利少年改過向上。

第四章　少年刑事案件

如前所述，已滿十四歲之少年觸法事件，在特定之情況下，可能由少年法院裁定移送有管轄權之檢察署檢察官，並由檢察官依刑事訴訟法之規定加以偵查、追訴，如經提起公訴即由法院進行審判，此時即稱之為少年刑事案件。少年事件處理法有關少年刑事案件部分，設有相關規定，以下即分別論述之。

一、少年刑事案件之開啟

依少年事件處理法第65條第1項規定，對於少年犯罪之刑事追訴及處罰，以依本法第27條第1項、第2項移送之案件為限；故少年刑事案件之成案，以由少年法院法官經調查之結果，而依第27條第1項或第2項之規定裁定移送檢察官者為限。

惟應注意者，少年事件處理法第40條規定，少年法院依審理之結果，認為事件有第27條第1項之情形者，應為移送之裁定；有同條第2項之情形者，得為移送之裁定。故解釋上少年刑事案件應包括經調查而裁定開始審理後，少年法院法官認為事件應移送檢察官或得移送檢察官，而裁定移送檢察官之案件，此將來修法時應予以明文規定，以杜爭議。

又少年如犯罪時未滿十八歲，而經發覺犯罪時亦未滿十八歲，自可依少年刑事案件之規定加以處理，惟如發覺犯罪時已滿十八歲，則得否適用少年刑事案件之規定處理，恐產生疑問，為免爭議，少年事件處理法第65條第3項特別規定，少年刑事案件相關規定，於少年犯罪後已滿十八歲者亦適用之，故而從事犯罪行為時為未滿十八歲之少年，於遭查獲時為已滿十八歲之人，仍有少年刑事案件之適用。

又少年事件處理法第65條第2項規定，刑事訴訟法關於自訴之規定，於少年刑事案件不適用之。蓋少年發生犯罪行為時，是否有移送檢察官進行刑事追訴之必要，應先由少年法院行使先議權加以審酌，此項制度之設

計旨在保護少年，使犯罪情節尚非嚴重至一定程度之少年，不至於受到一般刑事訴訟程序之追訴、審判，故如允許犯罪之被害人依據刑事訴訟法之規定，對於少年之犯罪行為提起自訴[100]，則上開制度之設計即遭受破壞，因而少年事件處理法乃對此加以規定，於少年刑事案件中，排除刑事訴訟法有關自訴之規定。

二、少年刑事案件之偵查

（一）偵查之開始

依少年事件處理法第66條規定，檢察官受理少年法院移送之少年刑事案件，應即開始偵查。檢察官對於任何移送之刑事案件，原本即應加以偵查，故此項規定並無意義，其主要乃在於修正原少年事件處理法第66條之規定。

依民國86年10月29日修正前少年事件處理法第66條之規定，檢察官受理少年法庭移送之少年刑事案件，應即開始調查，且調查期間以一個月為限。惟檢察官之作為，刑事訴訟法稱之為偵查，且稱「調查」難免與少年法院對於移送之少年之調查相混淆，故加以修正；另限制檢察官調查之期間為一個月，在實際運作上亦有困難，蓋有時因案件繁雜，有時因送達問題，檢察官難以在一個月內完成調查，如因此規定致檢察官草率結案，反無法對於少年之犯罪事實調查清楚，對於少年並未有利，故修法將此規定刪除，不再對檢察官之偵查時間加以限制。

（二）偵查之結果

少年事件經少年法院移送檢察官偵查後，檢察官之處置方式有下列二

---

100 我國刑事訴訟法對於犯罪之訴追兼採被害人訴追主義，允許由犯罪被害人提起自訴，依刑事訴訟法第319條第1項規定：「犯罪之被害人得提起自訴。但無行為能力或限制行為能力或死亡者，得由其法定代理人、直系血親或配偶為之。」此即所謂自訴之制度，其與由檢察官提起公訴之公訴程序不同，且不得同時為之。依刑事訴訟法第319條第2項規定：「前項自訴之提起，應委任律師行之。」故我國自訴係採強制代理之制度。

種：

1.不起訴處分並移送少年法院

少年事件處理法第67條第1項前段規定，檢察官依偵查之結果，對於少年犯最重本刑五年以下有期徒刑之罪，參酌刑法第57條有關規定，認以不起訴處分而受保護處分為適當者，得為不起訴處分，移送少年法院依少年保護事件審理。此條規定有論者稱之為「回流」之機制，並認為係我國少年事件處理法之一大特色[101]，此規定之用意在於使少年經少年法院移送檢察官偵查後，仍有機會在檢察官起訴裁量權之運用下，不必受刑事之訴追程序，而回歸到少年保護事件之程序，以少年保護事件之方式加以處置，可說係對於少年法院依規定裁定移送檢察官偵查之決定加以節制之設計。

依上開條文之規定，檢察官對於少年得以為不起訴處分並移送少年法院之情形，以少年所犯之罪為最重本刑五年以下有期徒刑之罪為限，且經參考刑法第57條所規定之各項刑罰酌量之情形下[102]，仍認少年不應受刑事處分，而應由保護處分來處置較為適當時，始得為之。

惟實務上此種回流之情形並不多見，因少年所犯最重本刑五年以下有期徒刑之罪，原則上即非嚴重之犯行，除少年係因事件繫屬後已滿二十歲之規定而經裁定移送檢察官者外，通常裁定移送檢察官之情形即非常見，故再由檢察官行使裁量權移送回少年法院審理之情形自然少見。

上開回流之規定，原則上應係指少年法院依少年事件處理法第27條第2項規定裁定移送檢察官之情形，惟如少年法院係依少年事件處理法第27

---

101 論者以為少年事件處理法第67條第1項之回流機制，具有原創性，為我國少年事件處理法之一大特色，惟此一特色之產生實際上係立法時妥協之結果，因在立法時有認為對於第27條裁定移送檢察官之規定恐過於嚴苛，無法作到保護少年之立法本意，故特別設此一回流機制，以資緩衝。參見緒論編註11。

102 刑法第57條規定：「科刑時應以行為人之責任為基礎，並審酌一切情狀，尤應注意下列事項，為科刑輕重之標準：一、犯罪之動機、目的。二、犯罪時所受之刺激。三、犯罪之手段。四、犯罪行為人之生活狀況。五、犯罪行為人之品行。六、犯罪行為人之智識程度。七、犯罪行為人與被害人之關係。八、犯罪行為人違反義務之程度。九、犯罪所生之危險或損害。十、犯罪後之態度。」

條第1項第1款或第2款裁定移送檢察官，則檢察官是否仍得依上開回流之機制，將案件不起訴後移送少年法院，少年法院應如何處理，此可分為少年法院係依少年事件處理法第27條第1項第1款或第2款裁定移送檢察官而有所不同。

　　如少年法院依調查之結果認少年觸犯刑罰法律，且所犯為最輕本刑五年以上有期徒刑之罪，而係依少年事件處理法第27條第1項第1款裁定移送檢察官者，則依少年事件處理法施行細則第11條規定，檢察官對少年法院依本法第27條第1項第1款規定移送之案件，經偵查結果，認為係犯該款規定以外之罪者，應依刑事訴訟法第255條第1項規定為不起訴處分，並於處分確定後，將案件移送少年法院。

　　如少年法院依調查之結果認少年觸犯刑罰法律，且事件繫屬後少年已滿二十歲，依少年事件處理法第27條第1項第2款規定，以裁定移送檢察官者，則因少年事件處理法施行細則並未規定，如檢察官依偵查之結果，認少年係犯最重本刑五年以下有期徒刑之罪，參酌刑法第57條規定，認以不起訴處分而受保護處分為適當，而依上開規定為不起訴處分，並移送少年法院，此時少年法院應如何處理，實務上認為，少年事件處理法第67條第1項應係指少年法院依少年事件處理法第27條第2項裁定移送「相對刑事案件」之情形而言；是少年因繫屬後年滿二十歲而移送檢察官之情形，倘檢察官仍依前開規定為不起訴處分，少年法院應再裁定移送有管轄權之檢察署檢察官，檢察官依同法第67條第2項規定，即應提起公訴[103]。

---

[103] 我國目前實務見解認為：「依少年事件處理法第27條第1項第2款之規定，如有少年於事件繫屬後已滿二十歲之客觀事實存在，法院根本無實質先議權且不需為實質調查，即應依第27條第1項第2款之規定裁定移送於有管轄權之法院檢察署檢察官，依一貫之法理，檢察官自不得依偵查之結果，並參酌刑法第57條之規定，認該事件以受保護處分為適當，而依同法第67條第1項為不起訴處分；且依少年事件處理法第54條之規定，少年保護處分之執行，至多執行至滿二十一歲為止，如少年於事件繫屬後已滿二十歲，實已無由少年法院依少年保護事件審理之實益，故少年事件處理法第67條第1項應係指『相對刑事案件』，亦即少年法院依第27條第2項裁定移送之情形而言，是上開情形倘檢察官仍依前開規定為不起訴處分，少年法院應再裁定移送有管轄權之法院檢察署檢察官，檢察官依同法第67條第2項之規定，即應提起公訴。」參見94年少年法院（庭）庭長法官業務研討會法律問題提案第2號。

2.向少年法院起訴

　　依少年事件處理法第67條第1項規定，檢察官經偵查之結果，認為少年之犯行以受刑事處分為適當時，即應提起公訴，此時管轄法院為少年法院而非一般普通法院（未設少年法院地區則為少年法庭），少年法院受理後除少年事件處理法有特別規定外，即應依一般刑事訴訟程序之規定加以進行。

　　又依少年事件處理法第67條第2項規定，上開經檢察官認為以不起訴為適當而為不起訴處分並移送少年法院依少年保護事件審理之案件，少年法院仍得再予審酌少年是否符合裁定移送檢察官之要件，如認為符合要件，得再次將少年裁定移送檢察官，此時檢察官即不得再依該條第1項之規定，認為少年以不起訴為適當而為不起訴處分並移送少年法院依少年保護事件審理，此一規定乃在於避免檢察官與少年法院對於少年是否應受刑事處分之看法不同時，案件在二者之間互相移送，致無法早日裁判確定，如此對於少年之利益有所影響，乃特別設下再次回流之限制。

三、刑事訴追之原則

　　少年經移送檢察官進行偵查後，即進入刑事訴追之階段，在此一階段，少年事件處理法定有相關之規定，其中部分規定係偵查及審判所共同應遵守之原則，以下即針對此部分之規定分別論述之。

（一）羈押

1.羈押之限制

　　少年經移送檢察官進行偵查開始，即進入刑事訴追之程序，此時對於少年之人身自由之拘束即稱之為羈押，而非調查及審理階段所稱之收容。依少年事件處理法第71條第1項規定，少年被告非有不得已情形，不得羈押之。

　　刑事訴訟法對於被告羈押之要件原即設有規定[104]，惟少年事件處理
法既另設有上開有關羈押之規定，則自應排除刑事訴訟法之規定，故對於
少年被告之羈押應以有不得已之情形為限始得為之，相較於刑事訴訟法以
有「羈押之必要性」為限而言，其規定較為嚴格，應係出於保護少年之觀
點，認為少年身心發展尚未完全成熟，其以家庭、社會之教化為重，不宜
貿然以羈押方式拘束其人身自由之故。

---

[104] 刑事訴訟法第101條規定：「被告經法官訊問後，認為犯罪嫌疑重大，而有下列情形
之一，非予羈押，顯難進行追訴、審判或執行者，得羈押之：一、逃亡或有事實足認
為有逃亡之虞者。二、有事實足認為有湮滅、偽造、變造證據或勾串共犯或證人之虞
者。三、所犯為死刑、無期徒刑或最輕本刑為五年以上有期徒刑之罪，有相當理由認
為有逃亡、湮滅、偽造、變造證據或勾串共犯或證人之虞者。法官為前項之訊問時，
檢察官得到場陳述聲請羈押之理由及提出必要之證據。但第九十三條第二項但書之
情形，檢察官應到場敘明理由，並指明限制或禁止之範圍。第一項各款所依據之事
實、各項理由之具體內容及有關證據，應告知被告及其辯護人，並記載於筆錄。但依
第九十三條第二項但書規定，經法院禁止被告及其辯護人獲知之卷證，不得作為羈
押審查之依據。被告、辯護人得於第一項訊問前，請求法官給予適當時間為答辯之
準備。」第101條之1規定：「被告經法官訊問後，認為犯下列各款之罪，其嫌疑重
大，有事實足認為有反覆實行同一犯罪之虞，而有羈押之必要者，得羈押之：一、刑
法第一百七十三條第一項、第三項、第一百七十四條第一項、第二項、第四項、第
一百七十五條第一項、第二項之放火罪、第一百七十六條之準放火罪、第一百八十五
條之一之劫持交通工具罪。二、刑法第二百二十一條之強制性交罪、第二百二十二條
之加重強制性交罪、第二百二十四條之強制猥褻罪、第二百二十四條之一之加重強制
猥褻罪、第二百二十五條之乘機性交猥褻罪、第二百二十六條之一之強制性交猥褻之
結合罪、第二百二十七條之與幼年男女性交或猥褻罪、第二百七十一條第一項、第二
項之殺人罪、第二百七十二條之殺直系血親尊親屬罪、第二百七十七條第一項之傷害
罪、第二百七十八條第一項之重傷罪、性騷擾防治法第二十五條第一項之罪。但其須
告訴乃論，而未經告訴或其告訴已經撤回或已逾告訴期間者，不在此限。三、刑法第
二百九十六條之一之買賣人口罪、第二百九十九條之移送被略誘人出國罪、第三百零
二條之妨害自由罪。四、刑法第三百零四條之強制罪、第三百零五條之恐嚇危害安全
罪。五、刑法第三百二十條、第三百二十一條之竊盜罪。六、刑法第三百二十五條、
第三百二十六條之搶奪罪、第三百二十八條第一項、第二項、第四項之強盜罪、第
三百三十條之加重強盜罪、第三百三十二條之強盜結合罪、第三百三十三條之海盜
罪、第三百三十四條之海盜結合罪。七、刑法第三百三十九條、第三百三十九條之三
之詐欺罪、第三百三十九條之四之加重詐欺罪。八、刑法第三百四十六條之恐嚇取財
罪、第三百四十七條第一項、第三項之擄人勒贖罪、第三百四十八條之擄人勒贖結合
罪、第三百四十八條之一之準擄人勒贖罪。九、槍砲彈藥刀械管制條例第七條、第八
條之罪。十、毒品危害防制條例第四條第一項至第四項之罪。十一、人口販運防制法
第三十四條之罪。前條第二項至第四項之規定，於前項情形準用之。」第101條之2規
定：「被告經法官訊問後，雖有第一百零一條第一項或第一百零一條之一第一項各款
所定情形之一而無羈押之必要者，得逕命具保、責付或限制住居。其有第一百十四條
各款所定情形之一者，非有不能具保、責付或限制住居之情形，不得羈押。」

2.羈押之處所

依羈押法第3條第1項規定,刑事被告應羈押者,於看守所羈押之,故一般刑事被告羈押之處所係在看守所內,惟少年事件處理法第71條第2項特別規定,少年被告應羈押於少年觀護所,於年滿二十歲時,應移押於看守所。因而少年被告羈押之處所,原則上為少年觀護所,惟至年滿二十歲後則應移至看守所。

此一規定主要在於,少年被告與一般成年之刑事被告在年齡上有所差距,且少年被告一般較為單純,如與成年之刑事被告共同羈押在看守所內,恐對少年有不良之影響,在管理上亦有困難,故特別排除羈押法之規定,惟若少年被告已年滿二十歲,則較無上開之顧慮,即得移至看守所羈押。

3.視為羈押及羈押之折抵

依少年事件處理法第71條第3項規定,少年在少年法院裁定移送檢察官前之調查階段如經收容,則在少年刑事案件中,其之前之收容,即視同為未判決前之羈押,並可準用刑法第37條之2之規定折抵受宣告之刑期[105]。

(二)同一事件之處理

依少年事件處理法第69條規定,對於少年之犯罪行為已依第42條為保護處分者,不得就同一事件再為刑事追訴或處罰。但其保護處分經依第45條或第47條之規定撤銷者,不在此限。此條規定係基於「一事不再理」之法理而來,雖保護處分旨在對於少年提供保護之環境,與刑罰重在處罰,二者在性質上有所不同,惟保護處分仍具有對於少年處罰之本質存在,故少年之觸法行為業經為保護處分之裁定後,自不應再對於少年進行刑事之

---

105 刑法第37條之2規定:「裁判確定前羈押之日數,以一日抵有期徒刑或拘役一日,或第四十二條第六項裁判所定之罰金額數。羈押之日數,無前項刑罰可抵,如經宣告拘束人身自由之保安處分者,得以一日抵保安處分一日。」

追訴及處罰，否則對於少年則屬過於嚴苛。

　　惟此所謂同一事件之定義有加以確定之必要，本文以為原則上應與刑事訴訟法上同一案件之概念相當，亦即少年同一且犯罪之事實同一始構成同一事件。又犯罪事實同一依實務之見解，係認為包括單純一罪（如接續犯）、實質上一罪（如集合犯）及裁判上一罪[106]（如想像競合犯）等[107]。

　　又少年所受保護處分之裁定，如因另受到有期徒刑以上之宣告確定，或因發現無審判權，致分別依少年事件處理法第45條或第47條之規定撤銷者，則無一事不再理之原則適用，此時自得對於少年之犯罪加以追訴或處罰。

（三）調查、審理及抗告、重新審理之準用

　　依少年事件處理法第70條規定，少年刑事案件之偵查及審判，準用第三章第一節及第三節有關之規定。故少年刑事案件之審判程序原則上準用少年事件處理法有關調查、審理、抗告及重新審理之程序，而非準用刑事訴訟法之相關規定。然而準用限於性質相同者始得準用，如性質不同即無準用之餘地，此時應依少年事件處理法第1條之1後段規定，在少年事件處理法未有規定（包括準用之規定）時，適用其他法律，即適用刑事訴訟法之相關規定。

　　依上開準用之規定，少年法院審理少年刑事案件，準用第20條規定之結果，得以法官一人獨任行之，而不適用刑事訴訟法第284條之1之規定行合議審判[108]。

---

106 裁判上一罪之範圍原包括想像競合犯、牽連犯及連續犯，惟民國95年7月1日施行之刑法已廢除牽連犯及連續犯，故目前所稱之裁判上一罪僅指想像競合犯而言。

107 我國實務見解認為：「依少年事件處理法第69條前段規定，少年犯罪已依同法第42條為管訓處分後，不得就同一事件再為刑事訴追或處罰，而所謂同一事件，應含裁判上一罪各部事實在內。」參見最高法院78年度台上字第4988號判決。

108 我國目前實務見解認為：「依少年事件處理法第1條之1規定：『少年保護事件及少年刑事案件之處理，依本法之規定；本法未規定者，適用其他法律。』亦即刑事案件之處理應優先適用少年事件處理法，僅於少年事件處理法所未規定者，始適用其他法律。又依同法第70條規定：『少年刑事案件之偵查及審判，準用第三章第一節及第三節有關之規定。』第20條規定（列於第三章第一節之中）：『少年法院審理少年保護事

　　又少年事件處理法第32條第1項規定，少年法院審理事件應定審理期日，審理期日應傳喚少年、少年之法定代理人或現在保護少年之人，並通知少年之輔佐人，依上開準用規定之結果，少年法院審理少年刑事案件之期日，應傳喚少年、少年之法定代理人或現在保護少年之人，並通知少年之輔佐人[109]。

　　惟依上開所述，準用以性質上相同者為限，而少年被告之刑事案件性質與少年保護事件不同，故有關保護事件中規定之同行、協尋等規定，於少年刑事案件中應無準用之餘地，而應適用刑事訴訟法有關拘提、通緝之相關規定加以處理，故少年刑事被告如有經合法傳喚無正當理由不到庭之情形者，仍應予以拘提，其有逃亡或藏匿者，則應予以通緝[110]。

件，得以法官一人獨任行之。』據此準用結果，少年法院審理少年刑事案件，似亦得以法官一人獨任行之。至於92年9月1日施行之刑事訴訟法第284條之1固規定：『除簡式審判程序及簡易程序案件外，第一審應行合議審判。』惟此應係指一般刑事案件而言。」參見臺灣高等法院92年庭長法律問題研討會。

[109] 我國目前實務上認為：「少年刑事案件之偵查及審判，準用少年事件處理法第三章第一節及第三節有關之規定，為少年事件處理法第70條所明定，而該法第32條第1項規定：少年法院審理事件應定審理期日。審理期日『應』傳喚少年、少年之法定代理人或現在保護少年之人，並通知少年之輔佐人。依此，少年刑事案件審判期日應通知法定代理人到場，應為強制規定，若未通知，即為訴訟程序違背法令。至於少年之法定代理人經合法通知而未到庭，在少年刑事案件似可類推適用刑事訴訟法第35條第3項但書之規定，仍可進行訴訟程序。」參見臺灣高等法院暨所屬法院95年法律座談會刑事類提案第47號。

[110] 我國目前實務均認為：「按少年刑事案件，亦屬刑事訴訟案件，除少年事件處理法第四章另有特別規定者外，仍應適用刑事訴訟法之規定。此觀少年事件處理法第1條規定『少年刑事案件之處理，依本法之規定；本法未規定者，適用其他法律之規定。』自明。有關少年刑事案件之訴訟程序部分，除基於其特性，為保護少年被告之尊嚴，於該法第71條至第73條另有特別規定外，舉凡刑事訴訟法上法院之管轄、法院職員之迴避，辯護人、輔佐人及代理人，文書、期日及期間、被告之傳喚、裁判、第一審、上訴審、再審、非常上訴及執行等規定，無不適用於少年刑事案件，自無獨將拘提及通緝之規定排斥適用之理。矧刑事訴訟法上與拘提、通緝同屬強制處分之『羈押』規定，通說認為適用於少年刑事案件，易言之，少年事件處理法第26條關於少年收容之原因、期間及延長收容等規定，於少年刑事案件，並不適用，則同法第22條至第23條之1關於同行及協尋之規定，對於少年刑事被告，應亦無其適用。至於同法第70條雖規定『少年刑事案件之調查及審理，準用同法第三章第一節及第三節有關之規定』，惟既謂『準用』，乃指性質相同之規定，得予援用，並非一律予以引用。查少年事件處理法第三章第一節及第三節係關於少年管訓事件之調查、審理、抗告及重新審理之規定，少年管訓事件重在保護與教育，其訟爭性甚弱，少年刑事案件則重在處罰，其訟爭性極強，兩者性質並不相同，是則上開章節內有關同行及協尋之規定，於少年刑

（四）秘密審判

　　少年事件處理法第73條第1項規定，少年刑事案件之審判得不公開之，故少年被告之審判得以秘密方式為之。又第2項規定，第34條但書之規定，於審判不公開時準用之，故不公開之審判仍得許少年之親屬、學校教師、從事少年保護事業之人或其他認為相當之人在場旁聽。

　　上開得不公開審判之規定，用意在於保護少年之聲譽，以免影響少年日後之身心發展，惟如少年、少年之法定代理人或現在保護少年之人認為其審判無秘密進行以保護少年之必要時，即應尊重其等之意見，故少年事件處理法第73條第3項規定，少年、少年之法定代理人或現在保護少年之人請求公開審判者，除有法定不得公開之原因外，法院不得拒絕。所謂法定不得公開之原因，係指法律有規定不得行公開審判之情形者，如性侵害犯罪之案件，依性侵害犯罪防治法第18條之規定，其審判不得公開[111]。

三、判決及執行

　　少年刑事案件經過少年法院之審判程序後，如證據不足則應為無罪之判決[112]，如有應免訴[113]或應不受理[114]之情形者，則應分別為免訴或不受理之判決，此種刑事訴訟法之規定，在少年刑事案件亦有適用。又如少年

事案件，應不得準用。綜上所述少年刑事被告經合法傳喚無正當理由不到庭者，應拘提，其逃亡或藏匿者，應予通緝。」參見司法院（74）廳刑二字第561號。

111 性侵害犯罪防治法第18條規定：「性侵害犯罪之案件，審判不得公開。但有下列情形之一，經法官或軍事審判官認有必要者，不在此限：一、被害人同意。二、被害人為無行為能力或限制行為能力者，經本人及其法定代理人同意。」

112 刑事訴訟法第301條第1項規定：「不能證明被告犯罪或其行為不罰者應諭知無罪之判決。」

113 刑事訴訟法第302條規定：「案件有左列情形之一者，應諭知免訴之判決：一、曾經判決確定者。二、時效已完成者。三、曾經大赦者。四、犯罪後之法律已廢止其刑罰者。」

114 刑事訴訟法第303條規定：「案件有下列情形之一者，應諭知不受理之判決：一、起訴之程序違背規定者。二、已經提起公訴或自訴之案件，在同一法院重行起訴者。三、告訴或請求乃論之罪，未經告訴、請求或其告訴、請求經撤回或已逾告訴期間者。四、曾為不起訴處分、撤回起訴或緩起訴期滿未經撤銷，而違背第二百六十條之規定再行起訴者。五、被告死亡或為被告之法人已不存續者。六、對於被告無審判權者。七、依第八條之規定不得為審判者。」

經少年法院判決有罪時，依刑法第63條規定[115]，對於未滿十八歲之犯罪人者，不得處以死刑或無期徒刑，此項量刑之限制規定，於少年刑事案件中亦同有適用。

　　除上開刑法及刑事訴訟法之相關規定外，少年事件處理法就少年刑事案件之判決及執行亦有特別之規定，以下即就該等特別規定分別論述之。

（一）免刑及免刑後之處分

　　依少年事件處理法第74條第1項規定，少年被告經審判後，如少年法院法官認為，少年所犯為最重本刑十年以下有期徒刑之罪，如顯可憫恕，認為依刑法第59條規定減輕其刑仍嫌過重，且以受保護處分為適當者，得免除其刑，諭知第42條第1項第2款至第4款之保護處分，並得同時諭知同條第2項各款之處分。

　　依此一規定，論者以為係少年事件處理法除上開所述第67條第1項規定外，另一有關「回流」機制之規定，且此一回流機制較第67條第1項之規定更為強大，其賦予少年法院法官頗大之權力，適不適用本條規定予以少年被告免刑，純屬少年法院法官依職權斟酌裁量之範圍[116]。

　　本項規定係仿刑法第61條之例，規定如少年犯罪之情節確有足堪憫恕之情形，而依刑法第59條規定予以減輕仍有不足，且認為少年無受刑事處分之必要而以受保護處分較為適當，法官得直接免除其刑，惟因少年仍有犯罪之事實，故雖刑罰可免，仍應以保護處分之方式加以處置，以免過於寬縱，且由於少年犯罪既經移送檢察官偵查起訴並加以審判，其犯罪之行為通常並非輕微，故保護處分之選擇排除訓誡並予以假日生活輔導之處置方式，且得依實際需要，諭知禁戒或治療之處分。

---

[115] 刑法第63條規定：「未滿十八歲人或滿八十歲人犯罪者，不得處死刑或無期徒刑，本刑為死刑或無期徒刑者，減輕其刑。」

[116] 依我國目前實務見解認為：「是否適用少年事件處理法第74條第1項、第79條免除其刑或諭知緩刑，係屬法院斟酌之裁量之職權。原審本於職權，斟酌犯罪情節，除依刑法第18條第2項減輕其刑外，未適用少年事件處理法第74條、第79條免除其刑或緩刑，自無違背法令可言。」參見最高法院82年度台上字第3460號判決。

又依少年事件處理法第74條第2項規定，上開所述諭知保護處分之執行，適用第三章第二節有關之規定，惟既屬保護處分，則其執行當然適用保護處分執行之相關規定，故本項規定應屬具文，可於將來修法時刪除。

（二）宣告褫奪公權之禁止

所謂宣告褫奪公權者，依刑法第36條規定，係指褫奪為公務員及為公職候選人之資格，又依刑法第37條第1項、第2項規定，宣告死刑或無期徒刑者，宣告褫奪公權終身；宣告一年以上有期徒刑，依犯罪之性質認為有褫奪公權之必要者，宣告一年以上十年以下褫奪公權。一旦經宣告褫奪公權者，其在褫奪公權之期間內即喪失擔任公務員及為公職候選人之資格，此項規定在於認為犯罪行為人不適宜擔任公職，故加以限制。

惟少年將來之發展潛力無窮，對於犯罪之少年而言，宣告褫奪公權剝奪其擔任公職之機會，對於少年之就業產生不利之影響，且有違鼓勵少年遷過向善之意旨，故少年事件處理法第78條第1項特別規定，對於少年不得宣告褫奪公權，以保障少年將來從事公職之發展機會。

又依少年事件處理法第78條第2項規定，少年受刑之宣告，經執行完畢或赦免者，適用關於公權資格之法令時，視為未曾犯罪。依此規定，少年犯罪經判處徒刑並執行完畢或赦免後，其不適用於關於公權資格法令有關曾經犯罪者所設之限制規定。此項規定係基於保護少年之立場，避免少年因犯罪經判處徒刑經執行完畢後，因其受刑之宣告及執行而妨礙其日後發展之機會。

至於所謂公權資格之法令，解釋上應予從寬認定，包括專業人士從業資格之限制規定，如律師法[117]、建築師法[118]、會計師法[119]、記帳士法及技

---

[117] 律師法第5條第1項第1款規定：「申請人有下列情形之一者，不得發給律師證書：一、受一年有期徒刑以上刑之裁判確定，依其罪名及情節足認有害於律師之信譽。但受緩刑之宣告，緩刑期滿而未經撤銷，或因過失犯罪者，不在此限。」

[118] 建築師法第4條第1項第4款規定：「有下列情形之一者，不得充任建築師；已充任建築師者，由中央主管機關撤銷或廢止其建築師證書：四、因業務上有關之犯罪行為，受一年有期徒刑以上刑之判決確定，而未受緩刑之宣告。」

[119] 會計師法第6條第1項第1款規定：「有下列情事之一者，不得充任會計師：一、曾有詐

師法等相關規定，以及擔任特定職務之資格限制，如依銀行法授權中央主管機關對於銀行負責人應具備資格條件之限制[120]，或農會法對於會員代表候選人之資格限制[121]等等相關規定均屬之。

欺、背信、侵占、偽造文書或因業務上犯罪行為，受一年以上有期徒刑之宣告確定。但執行完畢或一部之執行而赦免已滿三年或受緩刑之宣告者，不在此限。」

[120] 依銀行法第35條之2規定，銀行負責人應具備之資格條件、兼職限制、利益衝突之禁止及其他應遵行事項之準則，由主管機關定之。又依銀行負責人應具備資格條件兼職限制及應遵行事項準則第3條規定：「銀行負責人應具備良好品德，且無下列情事之一：一、無行為能力、限制行為能力或受輔助宣告尚未撤銷者。二、曾犯組織犯罪防制條例規定之罪，經有罪判決確定者。三、曾犯偽造貨幣、偽造有價證券、侵占、詐欺、背信罪，經宣告有期徒刑以上之刑確定，尚未執行完畢，或執行完畢、緩刑期滿或赦免後尚未逾十年者。四、曾犯偽造文書、妨害秘密、重利、損害債權罪或違反稅捐稽徵法、商標法、專利法或其他工商管理法規定，經宣告有期徒刑確定，尚未執行完畢，或執行完畢、緩刑期滿或赦免後尚未逾五年者。五、曾犯貪污罪，受刑之宣告確定，尚未執行完畢，或執行完畢、緩刑期滿或赦免後尚未逾五年者。六、違反銀行法、金融控股公司法、信託業法、票券金融管理法、金融資產證券化條例、不動產證券化條例、保險法、證券交易法、期貨交易法、證券投資信託及顧問法、管理外匯條例、信用合作社法、農業金融法、農會法、漁會法、洗錢防制法或其他金融管理法，受刑之宣告確定，尚未執行完畢，或執行完畢、緩刑期滿或赦免後尚未逾五年者。七、受破產之宣告，尚未復權者。八、曾任法人宣告破產時之負責人，破產終結尚未逾五年，或調協未履行者。九、使用票據經拒絕往來尚未恢復往來者，或恢復往來後三年內仍有存款不足退票紀錄者。十、有重大喪失債信情事尚未了結、或了結後尚未逾五年者。十一、因違反銀行法、金融控股公司法、信託業法、票券金融管理法、金融資產證券化條例、不動產證券化條例、保險法、證券交易法、期貨交易法、證券投資信託及顧問法、信用合作社法、農業金融法、農會法、漁會法或其他金融管理法，經主管機關命令撤換或解任，尚未逾五年者。十二、受感訓處分之裁定確定或因犯竊盜、贓物罪，受強制工作處分之宣告，尚未執行完畢，或執行完畢尚未逾五年者。十三、有事實證明從事或涉及其他不誠信或不正當之活動，顯示其不適合擔任銀行負責人者。」

[121] 農會法第15條之1規定：「農會會員入會滿六個月以上者，得登記為會員代表候選人。但有下列情形之一者，不得登記；已登記者，應予撤銷或廢止：一、積欠農會財物、會費、事業資金、農業推廣經費；或對農會有保證債務，而逾期尚未清償者。二、有第十八條各款情形之一者。三、動員戡亂時期終止後，曾犯內亂、外患罪，經判刑確定者。四、受宣告強制工作之保安處分或流氓感訓處分之裁判確定，尚未執行、執行未畢或執行完畢未滿五年者。受其他保安處分之裁判確定，尚未執行或執行未畢者。五、曾犯刑法或其特別法之貪污罪、組織犯罪防制條例之罪，經判刑確定者。六、曾犯刑法或其特別法之投票行賄、收賄罪、妨害投票或競選罪、包攬賄選罪，或利用職務上之機會或方法犯侵占、詐欺、背信或偽造文書罪，經判處有期徒刑以上之刑確定者。但受緩刑宣告或易科罰金執行完畢者，不在此限。七、犯前四款以外之罪，經判處有期徒刑以上之刑確定，尚未執行或執行未畢者。但受緩刑宣告或受刑處有期徒刑六個月以下得易科罰金者，不在此限。八、使用票據經拒絕往來，尚未期滿者。九、褫奪公權尚未復權者。」

（三）宣告強制工作之禁止

依刑法第90條第1項規定，有犯罪之習慣或因遊蕩或懶惰成習而犯罪者，於刑之執行前，令入勞動場所，強制工作。又組織犯罪防制條例第3條第3項亦有規定，發起、主持、操縱或指揮犯罪組織或參與者，應於刑之執行前，令入勞動場所，強制工作[122]。此強制工作規定之目的，在於認為犯罪行為人之行為，係出於不良之犯罪惡習而來，故有必要以強制工作之方式，矯治其惡習，以避免將來犯罪行為人繼續從事犯罪行為。

惟少年犯罪之處遇，少年事件處理法係以教育之方式為主，刑罰為輔，因而對於少年不適宜再處以強制工作，以免刑罰過於嚴苛，故少年事件處理法第78條第1項亦同時規定，對於少年不得宣告強制工作，以達到保護少年之意旨，此項規定係特別法之規定，應優先於上開組織犯罪防制條例第3條第3項適用[123]。

（四）宣告緩刑之要件

所謂緩刑係對於犯罪行為人所宣告之刑罰，在一定期間內暫不予執行，並予以觀察，如未再犯罪，則其所宣告之刑即失其效力之一種制度。

---

[122] 組織犯罪防制條例第3條規定：「發起、主持、操縱或指揮犯罪組織者，處三年以上十年以下有期徒刑，得併科新臺幣一億元以下罰金；參與者，處六月以上五年以下有期徒刑，得併科新臺幣一千萬元以下罰金。但參與情節輕微者，得減輕或免除其刑。具公務員或經選舉產生之公職人員之身分，犯前項之罪者，加重其刑至二分之一。犯第一項之罪者，應於刑之執行前，令入勞動場所，強制工作，其期間為三年。前項之強制工作，準用刑法第九十條第二項但書、第三項及第九十八條第二項、第三項規定。以言語、舉動、文字或其他方法，明示或暗示其為犯罪組織之成員，或與犯罪組織或其成員有關聯，而要求他人為下列行為之一者，處三年以下有期徒刑，得併科新臺幣三百萬元以下罰金：一、出售財產、商業組織之出資或股份或放棄經營權。二、配合辦理都市更新重建之處理程序。三、購買商品或支付勞務報酬。四、履行債務或接受債務協商之內容。前項犯罪組織，不以現存者為必要。以第五項之行為，使人行無義務之事或妨害其行使權利者，亦同。第五項、第七項之未遂犯罰之。」

[123] 依我國目前實務見解認為：「組織犯罪防制條例第3條第3項固規定『犯第一項之罪者，應於刑之執行完畢或赦免後，令入勞動場所，強制工作』；但就少年刑事案件，少年事件處理法第78條第1項規定『對於少年不得宣告褫奪公權及強制工作』，依狹義法優於廣義法之原則，少年犯上開條例第3條第1項之罪者，應無該條例第3條第3項之適用。」參見最高法院89年台上字第5065號判例。

其制度設計之目的在於發揮教育刑之積極機能，並避免短期自由刑所帶來
之流弊。依刑法第74條第1項規定，受二年以下有期徒刑、拘役或罰金之
宣告，而有下列情形之一，認以暫不執行為適當者，得宣告二年以上五年
以下之緩刑，其期間自裁判確定之日起算：1.未曾因故意犯罪受有期徒刑
以上刑之宣告者。2.前因故意犯罪受有期徒刑以上刑之宣告，執行完畢或
赦免後，五年以內未曾因故意犯罪受有期徒刑以上刑之宣告者。故緩刑之
宣告須符合以下三項要件：1.宣告之刑須為二年以下有期徒刑、拘役或罰
金。2.須未曾因故意犯罪受有期徒刑以上刑之宣告，或前因故意犯罪受有
期徒刑以上刑之宣告執行完畢或赦免後五年以內未曾因故意犯罪受有期徒
刑以上刑之宣告。3.宣告之刑以暫不執行為適當者。又緩刑之宣告與否取
決於法官之自由裁量權，縱使合於緩刑之條件，法官不予宣告緩刑亦難認
為違法[124]。

　　緩刑之制度既具有教育刑之性質，則其在少年刑事案件之運用更具意
義，故依少年事件處理法第79條規定，刑法第74條緩刑之規定，於少年犯
罪受三年以下有期徒刑、拘役或罰金之宣告者適用之。此規定放寬緩刑之
條件，由刑法第74條第1項所規定之「受二年以下有期徒刑、拘役或罰金
之宣告」放寬至「受三年以下有期徒刑、拘役或罰金之宣告」，惟應注意
者，此時仍須具備上開所述第2項及第3項要件，始得宣告緩刑。

　　至於緩刑之宣告應撤銷或得撤銷之原因，及有關緩刑宣告期滿之效力
等等，少年事件處理法既未有特別之規定，仍應適用刑法有關之規定處
理[125]。

---

[124] 依我國實務之見解認為：「關於刑之量定及緩刑之宣告，係實體法上賦予法院得為自
　　由裁量之事項，倘其未有逾越法律所規定之範圍，或濫用其權限，即不得任意指摘為
　　違法，以為第三審上訴之理由。」參見最高法院75年台上字第7033號判例。
[125] 緩刑應撤銷之情形規定於刑法第75條：「受緩刑之宣告，而有下列情形之一者，撤銷
　　其宣告：一、緩刑期內因故意犯他罪，而在緩刑期內受不得易科罰金之有期徒刑以上
　　刑之宣告確定者。二、緩刑前因故意犯他罪，而在緩刑期內受不得易科罰金之有期徒
　　刑以上刑之宣告確定者。前項撤銷之聲請，於判決確定後六月以內為之。」又緩刑得
　　撤銷之情形規定於刑法第75條之1：「受緩刑之宣告而有下列情形之一，足認原宣告之
　　緩刑難收其預期效果，而有執行刑罰之必要者，得撤銷其宣告：一、緩刑前因故意犯
　　他罪，而在緩刑期內受六月以下有期徒刑、拘役或罰金之宣告確定者。二、緩刑期內

（五）徒刑之執行

依少年事件處理法第80條規定，少年受刑人徒刑之執行，應注意監獄行刑法第3條、第8條及第39條第2項（現行法第4條、第10條）之規定。其中監獄行刑法第4條第1項規定，未滿十八歲之少年受刑人，應收容於少年矯正學校，並按其性別分別收容；第6項則規定，第1項至第4項所定少年受刑人矯正教育之實施，其他法律另有規定者，從其規定。我國以往執行少年被判處徒刑及拘役之受刑人之執行處所為獨立之「少年監獄」，惟政府於民國86年制定少年矯正學校設置及教育實施通則，據以設置少年矯正學校以負責少年有期徒刑及拘役之執行，並取代原有之少年監獄。依照通則第3條第1項規定，所稱矯正教育之實施，係指少年徒刑、拘役及感化教育處分之執行，應以學校教育方式實施之。故目前少年被告在刑事案件中受有期徒刑或拘役之宣告確定後，其執行應於之有期徒刑及拘役之執行處所係以學校形式設置之少年矯正學校，目前我國於高雄設置明陽中學，即為此類之少年矯正學校，亦即替代原有少年監獄之機構。

又監獄行刑法第10條則係有關少年受刑人行刑參考事項通知之規定，依該條規定，受刑人入監時，指揮執行之檢察署應將指揮書附具裁判書及其他應備文件，以書面、電子傳輸或其他適當方式送交監獄。前項文件不具備時，得拒絕收監，或通知補送。前述之應備文件，於少年受刑人入少年矯正學校或監獄時，應包括其犯罪原因、動機、境遇、學歷、經歷、身心狀況及可供處遇之參考事項。

（六）假釋之要件

所謂假釋係對於執行長期自由刑之受刑人，在其服刑滿一定期間後，

因故意犯他罪，而在緩刑期內受六月以下有期徒刑、拘役或罰金之宣告確定者。三、緩刑期內因過失更犯罪，而在緩刑期內受有期徒刑之宣告確定者。四、違反第七十四條第二項第一款至第八款所定負擔情節重大者。前條第二項之規定，於前項第一款至第三款情形亦適用之。」又緩刑之效力規定於刑法第76條：「緩刑期滿，而緩刑之宣告未經撤銷者，其刑之宣告失其效力。但依第七十五條第二項、第七十五條之一第二項撤銷緩刑宣告者，不在此限。」

如認有悛悔之實據，則予以附條件釋放出獄在外執行之制度。假釋與緩刑相同，均屬於對於教育刑理論之實踐，假釋在補長期自由刑之缺失，而緩刑則在補短期自由刑之缺失。依刑法第77條第1項規定，受徒刑之執行而有悛悔實據者，無期徒刑逾二十五年，有期徒刑逾二分之一、累犯逾三分之二，由監獄報請法務部，得許假釋出獄。依新修正監獄行刑法第115條第1項之規定，監獄對於受刑人符合假釋要件者，應提報其假釋審查會決議後，報請法務部審查[126]。

　　少年受刑人之假釋，本於保護少年之立場，在少年事件處理法中有特別之規定，依第81條第1項之規定，少年受徒刑之執行而有悛悔實據者，無期徒刑逾七年後，有期徒刑逾執行期三分之一後，得予假釋。此項規定係刑法有關假釋條件之特別規定，自應優先適用。故關於假釋之條件，少年受刑人較之一般成年受刑人為寬，其用意在於使少年有機會早日重返社會，避免少年在矯正機構中虛度光陰，而在出獄時已過於年長而無法適應社會之生活，其立意固屬良善，惟如何確認少年有悛悔實據，仍應加以注意觀察，從實考核，避免假釋過於浮濫。

　　又依少年事件處理法第81條第2項規定，少年於本法施行前，已受徒刑之執行者，或在本法施行前受徒刑宣告確定之案件於本法施行後受執行者，準用前項之規定。此乃溯及既往之特別規定，故無論在新修正之少年事件處理法施行前後受徒刑之執行，均有本項規定之適用。

　　至於有關假釋之撤銷及假釋之效力等，少年事件處理法既未有特別之規定，自應適用刑法相關規定[127]。

---

126 有關監獄假釋之程序，請參照監獄行刑法第116條至第137條。
127 刑法第78條規定：「假釋中因故意更犯罪，受逾六月有期徒刑之宣告確定者，撤銷其假釋。假釋中因故意更犯罪，受緩刑或六月以下有期徒刑之宣告確定，而有再入監執行刑罰之必要者，得撤銷其假釋。前二項之撤銷，於判決確定後六月以內為之。但假釋期滿逾三年者，不在此限。假釋撤銷後，其出獄日數不算入刑期內。」第79條規定：「在無期徒刑假釋後滿二十年或在有期徒刑所餘刑期內未經撤銷假釋者，其未執行之刑，以已執行論。但依第七十八條第三項撤銷其假釋者，不在此限。假釋中另受刑之執行、羈押或其他依法拘束人身自由之期間，不算入假釋期內。但不起訴處分或無罪判決確定前曾受之羈押或其他依法拘束人身自由之期間，不在此限。」

（七）緩刑假釋中保護管束之執行

　　依目前刑法第93條之規定，在緩刑期間內有應付保護管束及得付保護管束之二種情形，而在假釋中則一律應付保護管束。在緩刑期間內應付保護管束之情形，為犯刑法第91條之1所列之各罪而宣告緩刑者，或於緩刑之宣告同時諭知執行刑法第74條第2項第5款至第8款之情形者；除上開情形外，其餘緩刑期間內均為得付保護管束之情形。而上開緩刑及假釋期間內之保護管束，由指揮執行刑罰之檢察署觀護人為之。

　　惟依少年事件處理法第82條第1項之規定，少年在緩刑或假釋期中應付保護管束。故而少年受刑人於緩刑及假釋期間，均應付保護管束，此項規定係刑法上開規定之特別規定，自應優先適用。又同條第2項則規定：「前項保護管束，於受保護管束人滿二十三歲前，由檢察官囑託少年法院少年保護官執行之。」故而，上開少年受刑人之保護管束，於其滿二十三歲前，均由檢察官囑託少年法院之少年保護官加以執行，此亦為刑法上開規定之特別規定，應優先適用，至於少年受刑人年滿二十三歲則仍應適用上開刑法之規定，由指揮執行刑罰之檢察署觀護人為之。又對於少年受刑人上開保護管束之執行，修正前之少年事件處理法規定準用第三章第二節保護處分之執行之相關規定，惟修正後之少年事件處理法已刪除此一規定，特此說明。

第五章　行政輔導

　　如上開所述，少年事件處理法最新修正乃係民國108年5月31日由立法院三讀通過並經總統於108年6月19日公布正式施行，此次修法最主要變革之一，即在於刪除兒童觸犯刑罰法律適用少年事件處理法之規定，並將少年之「虞犯」改為「曝險少年」之觀念，排除直接使用司法處遇之方式處理，改採「行政先行」之方式處理，由行政機關成立之少年輔導委員會進行輔導（應注意者，本章所述之行政輔導規定係自民國112年7月1日開始施行，故目前實務上尚未開始運作）。

　　依照新修正少年事件處理法第18條第2項規定，司法警察官、檢察官或法院於執行職務時，知有第3條第1項第2款之情形者（即所謂曝險行為），得通知少年住所、居所或所在地之少年輔導委員會處理之。同條第3項，對於少年有監督權人、少年之肄業學校、從事少年保護事業之機關或機構，發現少年有第3條第1項第2款之情形者，得通知少年住所、居所或所在地之少年輔導委員會處理之。根據此一規定，往後司法警察官、檢察官或法院於執行職務時發現有曝險少年時，或對於少年有監督權人、少年之肄業學校、從事少年保護事業之機關或機構發現有曝險少年時，均得先行通知少年輔導委員會處理，而不再如以往做法直接移送或請求少年法院處理。至於同條第4項則規定，有第3條第1項第2款情形之少年（亦即曝險少年本人），得請求住所、居所或所在地之少年輔導委員會協助之。

　　又依少年事件處理法第18條第5項，少年住所、居所或所在地之少年輔導委員會知悉少年有第3條第1項第2款情形之一者，應結合福利、教育、心理、醫療、衛生、戶政、警政、財政、金融管理、勞政、移民及其他相關資源，對少年施以適當期間之輔導。故而，司法警察官、檢察官或法院或對於少年有監督權人、少年之肄業學校、從事少年保護事業之機關或機構發現有曝險少年而通知少年輔導委員會處理，或由曝險少年本人請求少年輔導委員會協助之情形，少年輔導委員會應結合福利、教育、心

理、醫療、衛生、戶政、警政、財政、金融管理、勞政、移民及其他相關資源，對少年施以適當期間之輔導以為因應，而具體之做法則目前尚在各地方政府摸索及籌備中，具體成效如何尚待有心人士密切追蹤觀察。

　　而依少年事件處理法第18條第6項，在前項輔導之期間內，少年輔導委員會如經評估認由少年法院處理，始能保障少年健全之自我成長者，得敘明理由並檢具輔導相關紀錄及有關資料，請求少年法院處理之，並持續依前項規定辦理。依此規定，各地方政府之少年輔導委員會在輔導少年期間，若認為須轉介少年法院處理，則應經由少年輔導委員會評估後始得以為之，此乃貫徹「先行政後司法」之制度之必然。惟如要求少年輔導委員會之社工人員一方面輔導少年，一方面又須執行少年轉介進入司法體系之決策權，是否有角色矛盾之問題，即是否導致社工人員為避免破壞關係，而傾向不將少年轉入司法體系，或少年為避免進入司法體系而對社工人員虛與委蛇，進而影響到輔導關係之建立，均有必須加以探討之必要。再者，社工人員及司法體系二者對於彼此之認知及信任感，往往也會影響其合作品質。上開問題之關鍵，在於曝險少年之教育掌握在「人」而非「規範」時，曝險少年之權利是否會因此而遭到犧牲，新修正之少年事件處理法「先行政後司法」之價值是否會落實，此實值社會大眾加以關切。

　　依少年事件處理法第18條第7項規定，直轄市、縣（市）政府少年輔導委員會應由具備社會工作、心理、教育、家庭教育或其他相關專業之人員，辦理第2項至第6項之事務；少年輔導委員會之設置、輔導方式、辦理事務、評估及請求少年法院處理等事項之辦法，由行政院會同司法院定之。此乃有關各地方政府少年輔導委員會之成員、設置及相關作業之法源依據，依此地方政府之少年輔導委員會應由具備社會工作、心理、教育、家庭教育或其他相關專業之人員組成，以因應目前社會少年曝險成因之多樣性，且行政院應會同司法院訂定少年輔導委員會設置、輔導方式、辦理事務、評估及請求少年法院處理等事項之辦法，以資作為少年輔導委員會作業之規範。

第六章　附則

　　本章為少年事件處理法中與少年事件相關事項之附帶規定，包括少年事件之保密、視為未受宣告、少年相關紀錄資料之塗銷、外國少年驅逐出境、少年法定代理人疏於教養之處罰、成年犯之加重、兒童觸犯刑罰法律，以及補助法規制定及施行日之適用等等之規定，以下即分別論述之。

一、少年事件之保密

　　少年較之成年人而言其可塑性高，少年從事犯罪行為多因其成長環境不良所造成，故只要對於少年提供良好之成長環境，則少年改過向上之機會亦較一般成年人為高。因此為免少年因一時之犯罪，而被貼上標籤，形成心理烙印，造成少年自暴自棄，同時亦避免少年之非行經渲染更為其他人所模仿，少年事件處理法特別設有少年事件應加以保密之規定。

　　依少年事件處理法第83條第1項規定，任何人不得於媒體、資訊或以其他公示方式揭示有關少年保護事件或少年刑事案件之記事或照片，使閱者由該項資料足以知悉其人為該保護事件受調查、審理之少年或該刑事案件之被告。

　　由上開規定之內容可知，本條規範之對象並非限於從事少年事件相關工作者，而係任何人只要擁有關於少年保護事件或少年刑事案件之相關資料均在限制範圍內。

　　至於禁止之內容亦不僅限於媒體、資訊，只要係以公開方式揭露有關少年保護事件或少年刑事案件之記事或照片，並因而使閱覽者，由該項揭露之資料，足以知悉在保護事件中受調查、審理之少年或刑事案件少年被告之身分均屬之。

　　依少年事件處理法第83條第2項規定，違反保密之規定者，應由主管機關依法予以處分。故有違反上開保密規定者，應視違反者之身分，由主管機關依相關法律予以處分。例如有線廣播電視法第35條規定，有線廣播

電視之節目內容不得有違反法律強制或禁止規定之情形，又依該法第66條第5款規定，系統經營者違反第35條規定時，處新臺幣10萬元以上200萬元以下罰鍰，並令其限期改正，故有線廣播電視業者，如有違反上開少年保密規定時，其中央主管機關[128]得依上開處罰之規定予以處罰。

二、視為未宣告

　　如上所述，為避免少年過早被社會貼上標籤，影響少年將來之發展，故有必要對於少年事件之少年予以保密，更進一步之做法，將少年所受之轉介處分、保護處分、刑罰或不付審理、不付保護處分，在一定期間後，視為該等宣告未曾存在之設計。此設計具體落實在少年事件處理法第83條之1第1項規定中，其可分為三種情形：

（一）受第29條第1項之處分

　　依少年事件處理法第83條之1項之規定，少年受第29條第1項之處分執行完畢二年後，視為未曾受各該宣告。原修正前之少年事件處理法第83條之1第1項，係規定少年受第29條第1項之轉介處分，始得視為未曾受宣告，惟修正後之規定已包含第29條第1項之所有處分在內，亦即少年依少年事件處理法第29條第1項受到告誡、交付少年之法定代理人或現在保護少年之人嚴加管教及轉介輔導等等，均於處分執行完畢二年後視為未受宣告。

（二）保護處分或刑罰

　　有關少年受保護處分或刑罰之宣告，則於保護處分或刑之執行完畢或赦免三年後，即應視為未曾受該宣告。既言視為未曾受宣告，則少年於刑之執行完畢後三年再犯刑罰之法律者，即無累犯規定之適用[129]，且如符合

---

128 依有線廣播電視法第3條規定，本法所稱主管機關：在中央為國家通訊傳播委員會。
129 依我國目前實務見解認為：「累犯之成立，依刑法第47條規定，以受有期徒刑之執行完畢，或受無期徒刑或有期徒刑一部之執行而赦免後，五年以內再犯有期徒刑以上之

緩刑之規定亦可予以宣告緩刑。又實務見解認為，依本條規定，只要少年受刑之執行完畢或赦免翌日起算，三年內未再受刑之宣告者，該前科紀錄即不復存在，視為未曾受該刑之宣告，至於少年是否在三年內另有犯罪則非所問[130]。

又少年如曾因犯罪被判處有期徒刑確定並已執行完畢，嗣於執行完畢後三年內再犯罪，經檢察官起訴，惟該案件於辯論終結時已超過三年，則該案件是否應論以累犯則似有爭議，實務上對此傾向認為無累犯之適用[131]。

（三）不付審理或不付保護處分

至於少年受不付審理或不付保護處分，則於不付審理或不付保護處分之裁定確定後，視為未曾受該宣告。蓋因不付審理及不付保護處分即無執行之問題，故於該等裁定確定後，即視為未曾受宣告。

罪為要件。又少年受少年事件處理法第29條第1項之轉介處分執行完畢後，或受保護管束或刑之執行完畢或赦免三年後，或受不付審理或不付保護處分之裁定確定後，視為未曾受各該宣告，同法第83條之1第1項定有明文。因此，少年如受有期徒刑之執行完畢，或受有期徒刑一部之執行而赦免，三年後再犯有期徒刑以上之罪者，因視為前未曾受各該刑之宣告，即無累犯加重其刑之適用。」參見最高法院90年度台非字第197號判例。

130 最高法院98年度台非字第322號判決即謂：「少年事件處理法第83條之1第1項規定：『少年受刑之執行完畢或赦免三年後，視為未曾受各該宣告』，其立法意旨係為鼓勵少年自新向上，使其不受社會歧視致阻其更生之路所為前科抹消之規定，故少年受刑之執行完畢或赦免翌日起算，三年內未再受刑之宣告者，該前科紀錄即不復存在，視為未曾受該刑之宣告，自不能以累犯論擬，至於少年在此三年內曾否再犯罪，並非所問，此觀諸上開法條文義規定甚明。」

131 臺灣高等法院暨所屬法院87年法律座談會採取否定說，認非累犯，其理由謂：1.依前述少年事件處理法第83條之1第1項規定，少年甲後犯有期徒刑之罪法院判刑時，前犯有期徒刑之執行完畢已逾三年，已視為未曾受該刑之宣告，其他又無刑之執行完畢後三年內再犯有期徒刑以上之罪時，不在此限之限制，則後罪已失據以論為累犯之前科依據，自不得論為累犯。2.如前述肯定說，對後犯論以累犯，則前犯有期徒刑之執行完畢三年後，該刑之宣告已視為未曾受宣告，而對於後犯仍論以累犯，將使後犯之累犯失所依據，有違法理，自有未妥，不宜論為累犯。

三、紀錄之塗銷

　　為具體落實上開規定之意旨，少年事件處理法第83條之1第2項規定，少年法院於少年有上開所述視為未曾受宣告之情形時，即應通知保存少年前科紀錄及有關資料之機關，將少年之前科紀錄及有關資料予以塗銷，以免該紀錄繼續存在，而導致將來有不利於少年之情事發生。

　　少年法院於少年有上述視為未受宣告或少年受無罪判決確定之情形，即應通知各保存少年前科紀錄或有關資料之機關或機構，將其依主管業務所建立之有關少年移送、調查、偵查、審理及執行等紀錄及資料加以塗銷。

　　所謂保存少年前科紀錄或有關資料之機關或機構，包括處理少年事件之警察機關、偵查之檢察機關、受轉介之福利機構、執行安置輔導之機構等等，甚至性侵害防治委員會、更生保護會，只要曾保存少年前科紀錄及相關資料或曾受少年事件通知之機關、機構或團體均屬之。

　　有問題者為少年受保護處分裁定確定後，至滿二十一歲仍未執行，依少年事件處理法第54條第1項規定不得再執行，則此項前科紀錄可否塗銷，實務見解認為應自少年滿二十一歲起三年後塗銷之[132]。

　　惟應注意者，依少年事件處理法施行細則第17條第2項規定，有關少年前科紀錄及相關資料之塗銷，於法院不適用之，故在法院中仍應保留少年事件之前科紀錄及相關資料，此乃因法院處理少年之事件對於少年以往行為仍有瞭解必要，以便對於少年作出適當之處分，故不適用上開塗銷之規定。

　　少年事件處理法第83條之1第3項規定，上開少年有關之紀錄及資料，非為少年本人之利益或經少年本人同意，少年法院及其他任何機關不得提

---

132 依我國目前實務見解認為：「應自少年滿二十一歲起三年後塗銷。少年之保護處分，因少年事件處理法第54條第1項規定至多執行至滿二十一歲為止，故少年自滿二十一歲時，保護處分雖未執行，實際上已無執行之可能，應視同執行完畢，而適用同法第83條之1第2項，自少年滿二十一歲起三年後塗銷之。蓋此時仍存留該非行紀錄，已無實益，將之塗銷，始能貫徹保護少年之法意（臺灣高等法院91年庭長法律問題研討會）。」參見司法院公報第44卷第7期，頁146至147。

供。故少年法院或其他持有少年有關少年事件相關紀錄或資料之機關，如處理少年事件之警察機關，僅在符合少年本人之利益或經少年本人同意之情形下，始得以提供少年有關其所涉少年事件之紀錄或資料。

此外，少年事件處理法第83條之1第4項規定，少年之前案紀錄及有關資料之塗銷、利用、保存、提供、統計及研究等相關事項之辦法，由司法院定之。

而為貫徹上開塗銷紀錄之規定，使其免成為空有規定而無執行之效力，少年事件處理法第83條之2特別定有未將紀錄塗銷或無故提供者之處罰規定，依該條之規定，違反前條規定未將少年之前科紀錄及有關資料塗銷或無故提供者，處六月以下有期徒刑、拘役或新臺幣3萬元以下罰金。

四、驅逐出境

依刑法第95條之規定，外國人受有期徒刑以上刑之宣告，得於刑之執行完畢或赦免後，驅逐出境。又依保安處分執行法第74條之1第1項亦規定，對於外國人保護管束者，可以驅逐出境代之。蓋因外國人得以進入我國境內係經我國之特許，如其在國內有從事犯罪之行為，自得撤銷此種特許，而將之驅逐出境，並用以避免浪費我國司法保護之資源。

對於外國少年在我國從事犯罪行為或有曝險之情形，經少年法院為處分或刑之宣告後，依同一理由，亦應得以驅逐出境，故少年事件處理法第83條之3規定，外國少年受轉介處分、保護處分、緩刑或假釋期內交付保護管束者，得以驅逐出境代之。此所謂外國少年應指不具中華民國國籍者而言，如擁有外國國籍同時具有中華民國國籍者，應非此處所指之外國少年，自不得予以驅逐出境[133]。至於不具任何國家國籍之少年，在解釋上自

---

[133] 依我國實務見解認為：「刑法第95條規定外國人受有期徒刑以上刑之宣告，得於刑之執行完畢或赦免後，驅逐出境者，應僅限於外國人始有其適用。倘具有中華民國國籍者，縱同時具有外國國籍，即俗稱擁有雙重國籍之人，若未依國籍法第11條之規定，經內政部許可喪失中華民國國籍時，則其仍不失為本國人民，與一般所謂『外國人』之含義不符，自無刑法第95條規定之適用。」參見最高法院84年台非字第195號判例。

然亦有上開驅逐出境規定之適用。故本文認為，本條之規定於將來修法時可考慮修正為「對於未具本國國籍之少年」均得以驅逐出境，以求正確及周延。

又驅逐出境依保安處分執行法第82條規定，受驅逐出境之外國人，由檢察官交由司法警察機關執行之。惟少年事件處理法第83條之3第4項設有特別規定，依該規定，外國少年之驅逐出境，得由少年調查官或少年保護官，向少年法院聲請，由司法警察機關執行之。

五、親職教育輔導

由於少年觸犯刑事法律或有曝險之行為經常與家庭環境不良有關，而所謂家庭環境不良並非指家庭之經濟能力不佳，而係指家庭欠缺管教少年之功能，而此與少年之法定代理人對於教養不重視有關。因此民國110年12月15日最新修正之少年事件處理法第84條乃加強有關少年法定代理人親職教育之規定。

依少年事件處理法第84條第1項之規定，少年之法定代理人，因忽視教養，致少年有第3條第1項之情形，而受保護處分或刑之宣告，或致保護處分之執行難收效果者，少年法院得裁定命其接受八小時以上五十小時以下之親職教育輔導，以強化其親職功能。本項之立法目的即在於使少年之法定代理人，包括父母或監護人等能瞭解其對於少年應有之管教態度及做法，以此健全家庭功能，並提供少年良好之發展環境。蓋少年從事觸法行為或有曝險之行為，常係出於家庭環境無法使少年受到良好之照護所致，尤其少年之法定代理人對於少年之管教態度不當，常導致少年在家庭中得不到溫暖，因而向外發展而結交損友誤入歧途，此係少年犯罪之重要因素之一[134]。故少年之法定代理人對於少年之教養有所疏忽，而導致少年有觸法行為或有曝險之行為，自有必要對其加以教育，始其得以瞭解應對於少年採取正確之管教方式及態度，使少年家庭教育之功能得以正常發揮，而

---

[134] 參見前揭註1，頁160。

避免日後再有觸法或曝險之行為。

　　又依照少年事件處理法第84條第2項之規定，少年法院為前項親職教育輔導裁定前，認為必要時，得先命少年調查官就忽視教養之事實，提出調查報告並附具建議。依此規定，少年法院在為親職教育輔導裁定之前，如認為有必要時，得先命少年調查官就少年之法定代理人忽視教養之事實，提出調查報告並附具建議。蓋對於少年之法定代理人施行親職教育，自應針對其等忽視教養之事實，尤其忽視教養之原因等加以確實瞭解，始得以針對問題所在加以輔導，以使親職教育之內容得以切合實際之需求，並達到最大之效果。

　　又依照少年事件處理法第84條第3項之規定，親職教育輔導之執行，由少年法院交付少年保護官為之，並得依少年保護官之意見，交付適當之機關、團體或個人為之，受少年保護官之指導。親職教育輔導之執行，由少年法院之法官交付少年保護官為之，並得依少年保護官之意見，交付適當之機關、團體或個人為之，受少年保護官之指導。故而，對於少年之法定代理人施行親職教育，原則上係由少年法院之少年保護官執行，惟少年保護官之專業及資源畢竟有限，故而如認為有必要時，亦得交付其他適當之機關、團體或個人為之，惟此時其施行輔導之過程自應受少年保護官之指導，以保障少年之利益。

　　另外依照少年事件處理法第84條第4項之規定，親職教育輔導應於裁定之日起三年內執行之：逾期免予執行，或至多執行至少年成年為止（自民國112年起民法之成年為十八歲）。但因事實上原因以不繼續執行為宜者，少年保護官得檢具事證，聲請少年法院免除其執行。因而親職教育之輔導應於裁定之日起三年內加以執行之；逾期免予執行，或至多執行至少年成年為止。但因事實上原因以不繼續執行為宜者，少年保護官得檢具事證，聲請少年法院免除其執行。由此可知，親職教育輔導之執行有一定之時效性，如距離少年之觸法行為或曝險行為已經過一段時間，此時時空背景均有不同，再施加親職教育輔導恐已無意義，故而本項特別規定應於裁定之日起三年內執行之，如逾期尚未執行則應免予執行，又考量少年如已

成年，在法律上已有完全之行為能力，即無再加以執行之必要，故而特別規定至多執行至少年成年為止。

　　此外依照少年事件處理法第84條第5項之規定，拒不接受親職教育輔導或時數不足者，少年法院得裁定處新臺幣6,000元以上3萬元以下罰鍰；經再通知仍不接受者，得按次連續處罰，至其接受為止。其經連續處罰三次以上者，並得裁定公告法定代理人之姓名。依此規定，如少年之法定代理人拒不接受親職教育輔導或時數不足者，少年法院得對其裁定處以新臺幣6,000元以上3萬元以下罰鍰；經再通知仍不接受者，得按次連續處罰，至其接受為止。其經連續處罰三次以上者，並得裁定公告法定代理人之姓名。此項規定之立法目的在於強制少年之法定代理人依規定接受親職教育之輔導，故而對於拒不接受親職教育輔導或時數不足者，得裁定罰鍰，並經再通知仍不接受者，得按次連續處罰，至其接受為止。又經連續處罰三次以上者，並得裁定公告法定代理人之姓名，以促使少年之法定代理人得以按時接受親職教育，以達立法之目的。又依少年保護事件審理細則第55條第1項之規定，少年法院為親職教育輔導處分之裁定前，認有必要時，得準用第20條之規定（即通知少年調查官為必要之調查）；同條第2項則規定，諭知親職教育輔導處分之裁定書，應於主文中指明其執行之時數，並得準用第27條之規定（即經徵詢少年、少年之法定代理人或現在保護少年之人及輔佐人之同意，經當場宣示者，得僅由書記官將主文記載於筆錄，不另作裁定書）。

　　又依照少年事件處理法第84條第6項之規定，上開第5項罰鍰之裁定，得為民事強制執行名義，由少年法院囑託各該地方法院民事執行處強制執行之，免徵執行費。此規定之目的在於使上開罰鍰之裁定得直接據以為民事強制執行之名義，無須另行訴訟，用以強化裁定之效力，並避免浪費司法資源。

　　另外依照少年事件處理法第84條第7項之規定，少年之法定代理人有上開第1項情形，情況嚴重者，少年法院並得裁定公告其姓名。故而少年之法定代理人或監護人如有對於少年忽視教養之情形，且其情況嚴重，以

致少年受保護處分或刑之宣告者，則除得依照第1項之規定裁定命其接受親職教育輔導外，亦可逕行公告其姓名令大眾周知，藉以達到警惕之效果。

另外依照少年事件處理法第84條第8項之規定，上開第1項、第5項及前項（即第7項）之裁定，受處分人得提起抗告，並準用第63條（抗告之管轄法院）、第64條（抗告期間及刑事訴訟法規定之準用）之規定。為使受到上開裁定之當事人有救濟之機會，故而此項特別規定，受到上開裁定處分之人，得以對於裁定提起抗告表示不服。

六、成年共犯之處罰

（一）刑之加重

又少年通常因涉世未深、缺乏主見而容易受其他人之影響，故為避免成年人在從事犯罪時有教唆、幫助或利用少年或與少年共同實施之情形，而使少年因而涉及犯罪行為，少年事件處理法第85條第1項特別規定，成年人教唆、幫助或利用未滿十八歲之人犯罪或與之共同實施犯罪者，依其所犯之罪，加重其刑至二分之一。

所謂成年人依民法第12條之規定，係指年滿十八歲之人而言，又是否滿十八歲，其年齡之計算，依民法第124條規定，應自出生之日起算。又所謂教唆、幫助及共同實施犯罪，即刑法上所稱廣義共犯之概念，教唆犯為教唆他人使之實行犯罪行為者[135]，須被教唆者原無犯罪之意思，係因教唆者之挑唆而進行犯罪始構成[136]。而幫助犯又稱為從犯，為幫助他人實行犯罪行為者[137]，係以幫助之意思，對於正犯加以助力，而未參與實施

---

135 刑法第29條規定：「教唆他人使之實行犯罪行為者，為教唆犯。教唆犯之處罰，依其所教唆之罪處罰之。」
136 依我國實務見解認為：「教唆犯以被教唆者原無犯罪意思，由教唆者之教唆始起意實施犯罪行為，為其本質。若他人原有犯意，僅由教唆人之行為而促成，或助成他人犯罪之實行者，則應分別情形以共同正犯或從犯論。」參見最高法院30年上字第1616號判例。
137 刑法第30條規定：「幫助他人實行犯罪行為者，為幫助犯。雖他人不知幫助之情者，亦同。幫助犯之處罰，得按正犯之刑減輕之。」

犯罪之行為而言[138]，若已參與犯罪行為之實施，則為正犯而非幫助犯。至所謂正犯即實施犯罪行為者，共同正犯包含以自己犯罪之意思參與構成犯罪要件或其以外之行為，或為他人犯罪之意思而參與構成要件之行為均屬之[139]。又所謂利用者，則係指利用少年之犯罪行為達成自己欲達之目的，以少年無責任能力或其他原因不成立犯罪為前提，亦即所謂之間接正犯之情形[140]，若少年本身已成立犯罪，則成年人自應分別情形成立上開教唆、幫助或共犯之情形，此自不待言。

　　又上開成年人教唆、幫助或利用少年犯罪或與少年共同實施犯罪而應加重之情形，屬於刑法總則之加重，故非另行創設成年人犯罪之類型[141]。又教唆及幫助他人犯罪者雖得減輕其刑，惟如成年人教唆或幫助犯罪之對象為少年，則因有上開加重之特別規定，自無再予減輕規定之適用[142]。

　　惟此有應特別注意者，目前依兒童及少年福利與權益保障法第112條第1項規定，成年人教唆、幫助或利用兒童及少年犯罪或與之共同實施犯罪或故意對其犯罪者，加重其刑至二分之一。但各該罪就被害人係兒童及少年已定有特別處罰規定者，從其規定[143]。此項規定與上開成年人加重

---

138 依我國目前實務見解認為：「刑法上之幫助犯，係指以幫助之意思，對於正犯資以助力，而未參與實施犯罪之行為者而言，如就構成犯罪事實之一部，已參與實施即屬共同正犯。」參見最高法院49年台上字第77號判例。

139 依我國目前實務見解認為：「共同正犯，須以為自己犯罪之意思，參與構成犯罪要件或其以外之行為或為他人犯罪之意思而參與構成要件之行為始能成立。」參見最高法院83年台上字第1674號判例。

140 依我國目前實務見解認為：「少年事件處理法第85條所謂利用未滿十八歲之人犯罪，係指間接正犯而言，如利用無責任能力，或無犯罪故意之人，或以強制方法利用無自由意思之人遂行其犯罪是。」參見最高法院74年度台上字第1299號判決。

141 依我國目前實務見解認為：「上訴人被訴傷害，原審係依刑法第277條第1項，少年事件處理法第85條判處罪刑，刑法第277條第1項之傷害罪，係屬同法第61條第1款之案件，而少年事件處理法第85條之加重其刑，又屬刑法總則加重之性質，既經第二審判決，自不得上訴於第三審法院。」參見最高法院69年台上字第4870號判例。

142 依我國目前實務之見解認為：「少年事件處理法第85條規定成年人幫助未滿十八歲之人犯罪，加重其刑，業已排除適用刑法第30條幫助犯得減輕其刑之規定。」參見最高法院68年台上字第2961號判例。

143 兒童及少年福利與權益保障法之前身為兒童及少年福利法，兒童及少年福利法係於民國92年5月28日制定公布，並於同年月30日生效，其中第70條第1項前段規定：「成年人教唆、幫助或利用兒童及少年犯罪或與之共同實施犯罪或故意對其犯罪者，加重其刑至二分之一。」其後於100年11月30日，兒童少年福利法修正並更名為兒童及少年福

之規定對於成年人教唆、幫助或利用兒童及少年犯罪或與之共同實施犯罪者，均同有加重之規定，適用之究以何者為優先，恐有爭議。依目前實務見解認為，兒童及少年福利法（現行為兒童及少年福利與權益保障法）上開規定制定在後，且係少年事件處理法第85條第1項之特別規定，依後法優於前法，特別法優於普通法之法律適用原則，自應優先適用[144]。故少年事件處理法第85條第1項有關成年人加重其刑之規定，在民國92年5月30日兒童及少年福利法施行後已不再適用，而成為具文。

（二）教養費用之負擔

　　成年人教唆、幫助或利用未滿十八歲之人犯罪或與之共同實施犯罪者，除得依上開規定加重其刑外，少年事件處理法第85條第2項復規定，少年法院得裁定命其負擔第60條第1項教養費用全部或一部，並得公告其姓名。

　　依少年事件處理法第60條第1項規定，少年執行保護處分所需教養費用，得由少年本人或對少年負扶養義務人負擔全部或一部，惟成年人如有上開加重其刑之規定者，其對於少年之行為有不良之影響，自亦應使其負擔教養費用之義務始稱公平，故特設此項規定以資遵行。此時亦有第60條第2項適用，亦即該命負擔教養費用之裁定，得為民事強制執行名義，由少年法院囑託各該法院民事執行處強制執行，並免徵執行費。

七、補助法規制定及施行日

　　少年事件處理法第86條係有關少年事件處理法之施行細則及其他輔助命令之制定規定，依該條第1項規定，本法施行細則，由司法院會同行政

利與權益保障法，其第112條第1項並承襲上開規定。

144 依我國目前實務見解認為：「兒童及少年福利法已於92年5月28日制定公布，並於同年月30日生效，其第70條第1項前段規定：成年人教唆、幫助或利用兒童及少年犯罪或與之共同實施犯罪或故意對其犯罪者，加重其刑至二分之一。此項規定為少年事件處理法第85條第1項之特別規定，依後法優於前法，特別法優於普通法之法律適用原則，自應優先於少年事件處理法適用。」參見最高法院92年度台上字第6023號判決。

院定之,依同條第2項規定,少年保護事件審理細則,由司法院定之,同條第3項規定,少年法院與相關行政機關處理少年事件聯繫辦法,由司法院會同行政院定之,同條第4項規定,少年偏差行為之輔導及預防辦法,由行政院會同司法院定之。

　　少年事件處理法第87條規定本法律之施行期間,其第1項規定,本法自中華民國60年7月1日施行,此為舊條文之施行規定。另外關於新修正條文部分,第2項規定,本法修正條文,除中華民國108年5月31日修正公布之第18條第2項至第7項(即少年輔導委員會行政輔導部分)自112年7月1日施行;第42條第1項第3款關於交付安置於適當之醫療機構、執行過渡性教育措施或其他適當措施之處所輔導部分及刪除第85條之1自公布一年後施行外,自公布日施行,故本法之最新修正條文原則上依中央法規標準法之規定,均自公布日起算至第三日生效。

參考文獻

一、書籍

1. 丁道源著，最新少年事件處理法釋論，中央警察大學出版，2000年1月1日。
2. 沈銀和著，中德少年刑法比較研究，五南圖書出版，1988年4月。
3. 林雅鋒、嚴祖照著，少年司法的理論與實務—從國際公約人權規範的角度出發，新學林出版，2020年3月。
4. 吳俊毅著，少年刑事程序的基本原則，新學林出版，2020年7月。
5. 張麗卿著，刑事訴訟法理論與運用，五南圖書出版，2007年1月。
6. 黃朝義著，刑事訴訟法，一品文化出版，2007年8月。
7. 蔡德輝、楊士隆合著，少年犯罪理論與實務，五南圖書出版，2003年9月。
8. 鄭玉波著，法學緒論，三民書局出版，2003年2月。
9. 劉作揖著，少年事件處理法，三民書局出版，1999年7月。
10. 謝瑞智著，犯罪與刑事政策，正中書局出版，2000年6月。
11. 蘇俊雄著，刑法總論I，大地出版，2000年4月。
12. 蘇俊雄著，刑法總論II，大地出版，2000年4月。
13. 蘇俊雄著，刑法總論III，大地出版，2000年4月。
14. 唐國盛著，少年事件處理法之實用權益，永然文化出版，1998年5月。

二、期刊論文

1. 李茂生著，八四年版少事法草案起草經過及評釋（上），刑事法雜誌第39卷第4期，1995年8月。
2. 李茂生著，八四年版少事法草案起草經過及評釋（下），刑事法雜誌第40卷第1期，1996年2月。
3. 李茂生著，我國少年事件處理法的檢討與展望—以刑事司法與福利行政

兩系統的交錯為論點，月旦法學雜誌第74期，2001年7月。

4. 李茂生著，新少年事件處理法的立法基本策略，臺大法學論叢第28卷第2期，1999年1月。

5. 沈銀和著，教育與刑罰及教育機關與少年法庭之結合，刑事法雜誌第30卷第4期，1986年8月。

6. 施慧玲著，少年非行防治對策之新福利法制觀—以責任取向的少年發展權為中心，中正法學集刊第1期，1998年7月。

7. 徐錦鋒著，我國少年觀護制度的新紀元，月旦法學雜誌第74期，2001年7月。

8. 郭靜晃、黃志成、劉秀娟、胡中宜合著，少年福利機構因應少年事件處理法轉向制度之策略，華岡社會科學學報，1999年。

9. 黃翰義著，從日本少年法之理論與實務析論我國少年事件處理法關於少年保護事件之修正，法官協會雜誌第9卷第2期，2007年12月。

10. 黎文德著，少年保護事件之協商審理與處遇，月旦法學雜誌第74期，2001年7月。

附表　少年法院處理少年事件流程

一、少年法院處理少年事件之範圍架構圖

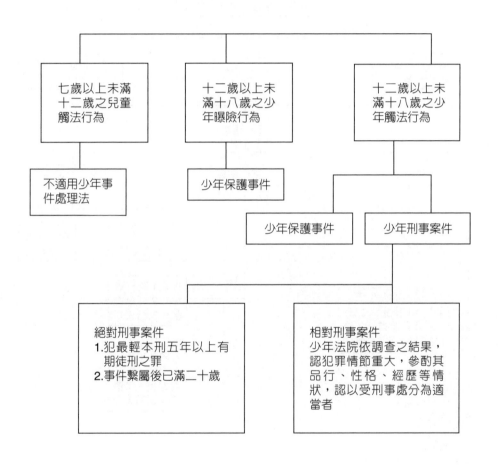

二、少年事件處理流程（曝險少年、未滿十四歲觸法少年）

　　民國112年7月1日起少年曝險行為須先經少年輔導委員會評估後始得請求少年法院開啟司法程序。

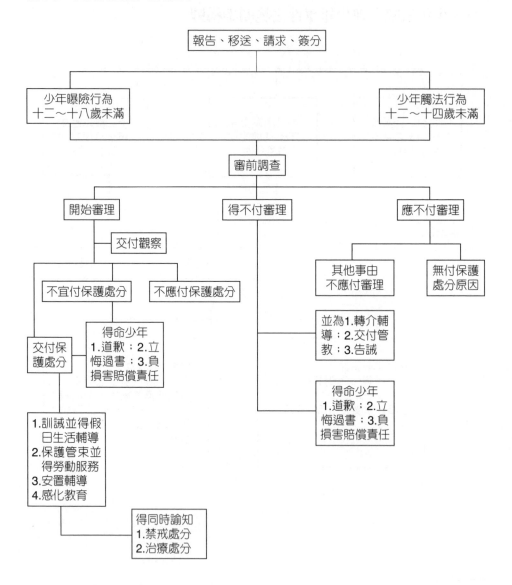

三、少年事件處理流程（十四歲以上未滿十八歲觸法少年）

　　民國112年7月1日起少年曝險行為須先經少年輔導委員會評估後始得請求少年法院開啟司法程序。

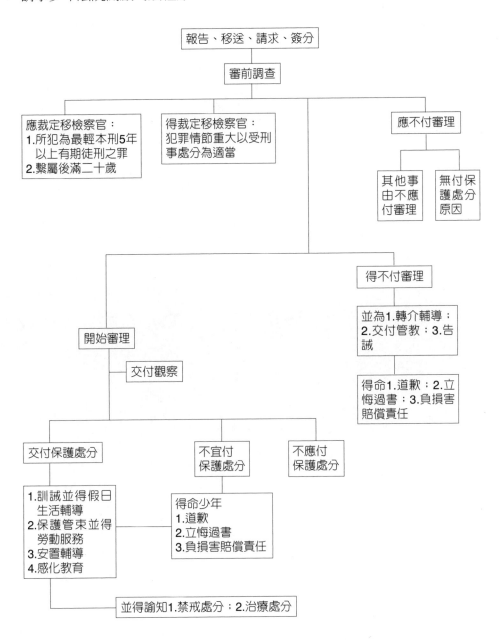

附　錄

少年事件處理法

民國110年12月15日總統令修正公布。

第一章　總　則

第 1 條　為保障少年健全之自我成長，調整其成長環境，並矯治其性
　　　　　格，特制定本法。

第1條之1　少年保護事件及少年刑事案件之處理，依本法之規定；本法未
　　　　　規定者，適用其他法律。

第 2 條　本法稱少年者，謂十二歲以上十八歲未滿之人。

第 3 條　下列事件，由少年法院依本法處理之：

　　　　　一、少年有觸犯刑罰法律之行為者。

　　　　　二、少年有下列情形之一，而認有保障其健全自我成長之必要
　　　　　　　者：

　　　　　　　（一）無正當理由經常攜帶危險器械。

　　　　　　　（二）有施用毒品或迷幻物品之行為而尚未觸犯刑罰法
　　　　　　　　　　律。

　　　　　　　（三）有預備犯罪或犯罪未遂而為法所不罰之行為。

　　　　　前項第二款所指之保障必要，應依少年之性格及成長環境、經
　　　　　常往來對象、參與團體、出入場所、生活作息、家庭功能、就
　　　　　學或就業等一切情狀而為判斷。

第3條之1　詢問或訊問少年時，應通知其法定代理人、現在保護少年之人
　　　　　或其他適當之人陪同在場。但經合法通知，無正當理由不到場
　　　　　或有急迫情況者，不在此限。

　　　　　依法應於二十四小時內護送少年至少年法院之事件，等候前項
　　　　　陪同之人到場之時間不予計入，並應釋明其事由。但等候時間

合計不得逾四小時。

少年因精神或其他心智障礙無法為完全之陳述者，必要時，得請兒童及少年心理衛生或其他專業人士協助。

少年不通曉詢問或訊問之人所使用之語言者，應由通譯傳譯之。其為聽覺、語言或多重障礙者，除由通譯傳譯外，並得以文字、手語或其他適當方式詢問或訊問，亦得許其以上開方式表達。

第3條之2　詢問或訊問少年時，應先告知下列事項：

一、所涉之觸犯刑罰法律事實及法條或有第三條第一項第二款各目事由；經告知後，認為應變更者，應再告知。

二、得保持緘默，無須違背自己之意思而為陳述。

三、得選任輔佐人；如依法令得請求法律扶助者，得請求之。

四、得請求調查有利之證據。

少年表示已選任輔佐人時，於被選任之人到場前，應即停止詢問或訊問。但少年及其法定代理人或現在保護少年之人請求或同意續行詢問或訊問者，不在此限。

第3條之3　詢問、訊問、護送少年或使其等候時，應與一般刑事案件之嫌疑人或被告隔離。但偵查、審判中認有對質、詰問之必要者，不在此限。

第3條之4　連續詢問或訊問少年時，得有和緩之休息時間。

詢問或訊問少年，不得於夜間行之。但有下列情形之一者，不在此限：

一、有急迫之情形。

二、查驗其人有無錯誤。

三、少年、其法定代理人或現在保護少年之人請求立即詢問或訊問。

前項所稱夜間者，為日出前，日沒後。

第　4　條　少年犯罪依法應受軍事審判者，得由少年法院依本法處理之。

第二章　少年法院之組織

第 5 條　直轄市設少年法院，其他縣（市）得視其地理環境及案件多寡
　　　　　分別設少年法院。
　　　　　尚未設少年法院地區，於地方法院設少年法庭。但得視實際情
　　　　　形，其職務由地方法院原編制內人員兼任，依本法執行之。
　　　　　高等法院及其分院設少年法庭。

第5條之1　少年法院分設刑事庭、保護庭、調查保護處、公設輔佐人室，
　　　　　並應配置心理測驗員、心理輔導員及佐理員。

第5條之2　少年法院之組織，除本法有特別規定者外，準用法院組織法有
　　　　　關地方法院之規定。

第5條之3　心理測驗員、心理輔導員及佐理員配置於調查保護處。
　　　　　心理測驗員、心理輔導員，委任第五職等至薦任第八職等。佐
　　　　　理員委任第三職等至薦任第六職等。

第 6 條　（刪除）

第 7 條　少年法院院長、庭長及法官、高等法院及其分院少年法庭庭長
　　　　　及法官、公設輔佐人，除須具有一般之資格外，應遴選具有少
　　　　　年保護之學識、經驗及熱忱者充之。
　　　　　前項院長、庭長及法官遴選辦法，由司法院定之。

第 8 條　（刪除）

第 9 條　少年調查官職務如左：
　　　　　一、調查、蒐集關於少年保護事件之資料。
　　　　　二、對於少年觀護所少年之調查事項。
　　　　　三、法律所定之其他事務。
　　　　　少年保護官職務如左：
　　　　　一、掌理由少年保護官執行之保護處分。
　　　　　二、法律所定之其他事務。
　　　　　少年調查官及少年保護官執行職務，應服從法官之監督。

第 10 條　調查保護處置處長一人，由少年調查官或少年保護官兼任，綜

理及分配少年調查及保護事務；其人數合計在六人以上者，應
分組辦事，各組並以一人兼任組長，襄助處長。

第 11 條　心理測驗員、心理輔導員、書記官、佐理員及執達員隨同少年
調查官或少年保護官執行職務者，應服從其監督。

第 12 條　（刪除）

第 13 條　少年法院兼任處長或組長之少年調查官、少年保護官薦任第九
職等或簡任第十職等，其餘少年調查官、少年保護官薦任第七
職等至第九職等。

高等法院少年法庭少年調查官薦任第八職等至第九職等或簡任
第十職等。

第三章　少年保護事件

第一節　調查及審理

第 14 條　少年保護事件由行為地或少年之住所、居所或所在地之少年法
院管轄。

第 15 條　少年法院就繫屬中之事件，經調查後認為以由其他有管轄權之
少年法院處理，可使少年受更適當之保護者，得以裁定移送於
該管少年法院；受移受之法院，不得再行移送。

第 16 條　刑事訴訟法第六條第一項、第二項，第七條及第八條前段之規
定，於少年保護事件準用之。

第 17 條　不論何人知有第三條第一項第一款之事件者，得向該管少年法
院報告。

第 18 條　司法警察官、檢察官或法院於執行職務時，知有第三條第一項
第一款之事件者，應移送該管少年法院。

司法警察官、檢察官或法院於執行職務時，知有第三條第一項
第二款之情形者，得通知少年住所、居所或所在地之少年輔導
委員會處理之。

對於少年有監督權人、少年之肆業學校、從事少年保護事業之
機關或機構，發現少年有第三條第一項第二款之情形者，得通

知少年住所、居所或所在地之少年輔導委員會處理之。

有第三條第一項第二款情形之少年,得請求住所、居所或所在地之少年輔導委員會協助之。

少年住所、居所或所在地之少年輔導委員會知悉少年有第三條第一項第二款情形之一者,應結合福利、教育、心理、醫療、衛生、戶政、警政、財政、金融管理、勞政、移民及其他相關資源,對少年施以適當期間之輔導。

前項輔導期間,少年輔導委員會如經評估認由少年法院處理,始能保障少年健全之自我成長者,得敘明理由並檢具輔導相關紀錄及有關資料,請求少年法院處理之,並持續依前項規定辦理。

直轄市、縣(市)政府少年輔導委員會應由具備社會工作、心理、教育、家庭教育或其他相關專業之人員,辦理第二項至第六項之事務;少年輔導委員會之設置、輔導方式、辦理事務、評估及請求少年法院處理等事項之辦法,由行政院會同司法院定之。

於中華民國一百十二年七月一日前,司法警察官、檢察官、法院、對於少年有監督權人、少年之肄業學校、從事少年保護事業之機關或機構,發現少年有第三條第一項第二款之情形者,得移送或請求少年法院處理之。

第 19 條　少年法院接受移送、報告或請求之事件後,應先由少年調查官調查該少年與事件有關之行為、其人之品格、經歷、身心狀況、家庭情形、社會環境、教育程度以及其他必要之事項,於指定之期限內提出報告,並附具建議。

少年調查官調查之結果,不得採為認定事實之唯一證據。

少年調查官到庭陳述調查及處理之意見時,除有正當理由外,應由進行第一項之調查者為之。

少年法院訊問關係人時,書記官應製作筆錄。

第 20 條　少年法院審理少年保護事件，得以法官一人獨任行之。

第 21 條　少年法院法官或少年調查官對於事件之調查，必要時得傳喚少年、少年之法定代理人或現在保護少年之人到場。

前項調查，應於相當期日前將調查之日、時及處所通知少年之輔佐人。

第一項之傳喚，應用通知書，記載左列事項，由法官簽名；其由少年調查官傳喚者，由少年調查官簽名：

一、被傳喚人之姓名、性別、年齡、出生地及住居所。

二、事由。

三、應到場之日、時及處所。

四、無正當理由不到場者，得強制其同行。

傳喚通知書應送達於被傳喚人。

第 22 條　少年、少年之法定代理人或現在保護少年之人，經合法傳喚，無正當理由不到場者，少年法院法官得依職權或依少年調查官之請求發同行書，強制其到場。但少年有刑事訴訟法第七十六條所列各款情形之一，少年法院法官並認為必要時，得不經傳喚，逕發同行書，強制其到場。

同行書應記載左列事項，由法官簽名：

一、應同行人之姓名、性別、年齡、出生地、國民身分證字號、住居所及其他足資辨別之特徵。但年齡、出生地、國民身分證字號或住居所不明者，得免記載。

二、事由。

三、應與執行人同行到達之處所。

四、執行同行之期限。

第 23 條　同行書由執達員、司法警察官或司法警察執行之。

同行書應備三聯，執行同行時，應各以一聯交應同行人及其指定之親友，並應注意同行人之身體及名譽。

執行同行後，應於同行書內記載執行之處所及年、月、日；如

　　　　　　　不能執行者，記載其情形，由執行人簽名提出於少年法院。

第23條之1　少年行蹤不明者，少年法院得通知各地區少年法院、檢察官、司法警察機關協尋之。但不得公告或登載報紙或以其他方法公開之。

　　　　　　　協尋少年，應用協尋書，記載左列事項，由法官簽名：

　　　　　　　一、少年之姓名、性別、年齡、出生地、國民身分證字號、住居所及其他足資辨別之特徵。但年齡、出生地、國民身分證字號或住居所不明者，得免記載。

　　　　　　　二、事件之內容。

　　　　　　　三、協尋之理由。

　　　　　　　四、應護送之處所。

　　　　　　　少年經尋獲後，少年調查官、檢察官、司法警察官或司法警察，得逕行護送少年至應到之處所。

　　　　　　　協尋於其原因消滅或顯無必要時，應即撤銷。撤銷協尋之通知，準用第一項之規定。

第 24 條　刑事訴訟法關於人證、鑑定、通譯、勘驗、證據保全、搜索及扣押之規定，於少年保護事件性質不相違反者準用之。

第 25 條　少年法院因執行職務，得請警察機關、自治團體、學校、醫院或其他機關、團體為必要之協助。

第 26 條　少年法院於必要時，對於少年得以裁定為下列之處置：

　　　　　　　一、責付於少年之法定代理人、家長、最近親屬、現在保護少年之人或其他適當之機關（構）、團體或個人，並得在事件終結前，交付少年調查官為適當之輔導。

　　　　　　　二、命收容於少年觀護所進行身心評估及行為觀察，並提供鑑別報告。但以不能責付或以責付為顯不適當，而需收容者為限；少年、其法定代理人、現在保護少年之人或輔佐人，得隨時向少年法院聲請責付，以停止收容。

第26條之1　收容少年應用收容書。

　　　　　　收容書應記載左列事項，由法官簽名：

　　　　　一、少年之姓名、性別、年齡、出生地、國民身分證字號、住
　　　　　　　居所及其他足資辨別之特徵。但年齡、出生地、國民身分
　　　　　　　證字號或住居所不明者，得免記載。

　　　　　二、事件之內容。

　　　　　三、收容之理由。

　　　　　四、應收容之處所。

　　　　　　第二十三條第二項之規定，於執行收容準用之。

第26條之2　少年觀護所收容少年之期間，調查或審理中均不得逾二月。但
　　　　　　有繼續收容之必要者，得於期間未滿前，由少年法院裁定延長
　　　　　　之；延長收容期間不得逾一月，以一次為限。收容之原因消滅
　　　　　　時，少年法院應依職權或依少年、其法定代理人、現在保護少
　　　　　　年之人或輔佐人之聲請，將命收容之裁定撤銷之。

　　　　　　事件經抗告者，抗告法院之收容期間，自卷宗及證物送交之日
　　　　　　起算。

　　　　　　事件經發回者，其收容及延長收容之期間，應更新計算。

　　　　　　裁定後送交前之收容期間，算入原審法院之收容期間。

　　　　　　少年觀護所之人員，應於職前及在職期間接受包括少年保護之
　　　　　　相關專業訓練；所長、副所長、執行鑑別及教導業務之主管人
　　　　　　員，應遴選具有少年保護之學識、經驗及熱忱者充任。

　　　　　　少年觀護所之組織、人員之遴聘及教育訓練等事項，以法律定
　　　　　　之。

第 27 條　少年法院依調查之結果，認少年觸犯刑罰法律，且有左列情形
　　　　　　之一者，應以裁定移送於有管轄權之法院檢察署檢察官。

　　　　　一、犯最輕本刑為五年以上有期徒刑之罪者。

　　　　　二、事件繫屬後已滿二十歲者。

　　　　　　除前項情形外，少年法院依調查之結果，認犯罪情節重大，參
　　　　　　酌其品行、性格、經歷等情狀，以受刑事處分為適當者，得以

裁定移送於有管轄權之法院檢察署檢察官。

前二項情形，於少年犯罪時未滿十四歲者，不適用之。

第 28 條　少年法院依調查之結果，認為無付保護處分之原因或以其他事由不應付審理者，應為不付審理之裁定。

少年因心神喪失而為前項裁定者，得令入相當處所實施治療。

第 29 條　少年法院依少年調查官調查之結果，認為情節輕微，以不付審理為適當者，得為不付審理之裁定，並為下列處分：

一、告誡。

二、交付少年之法定代理人或現在保護少年之人嚴加管教。

三、轉介福利、教養機構、醫療機構、執行過渡性教育措施或其他適當措施之處所為適當之輔導。

前項處分，均交由少年調查官執行之。

少年法院為第一項裁定前，得斟酌情形，經少年、少年之法定代理人及被害人之同意，轉介適當機關、機構、團體或個人進行修復，或使少年為下列各款事項：

一、向被害人道歉。

二、立悔過書。

三、對被害人之損害負賠償責任。

前項第三款之事項，少年之法定代理人應負連帶賠償之責任，並得為民事強制執行之名義。

第 30 條　少年法院依調查之結果，認為應付審理者，應為開始審理之裁定。

第 31 條　少年或少年之法定代理人或現在保護少年之人，得隨時選任少年之輔佐人。

犯最輕本刑為三年以上有期徒刑之罪，未經選任輔佐人者，少年法院應指定適當之人輔佐少年。其他案件認有必要者亦同。

前項案件，選任輔佐人無正當理由不到庭者，少年法院亦得指定之。

　　　　前兩項指定輔佐人之案件，而該地區未設置公設輔佐人時，得由少年法院指定適當之人輔佐少年。

　　　　公設輔佐人準用公設辯護人條例有關規定。

　　　　少年保護事件中之輔佐人，於與少年保護事件性質不相違反者，準用刑事訴訟法辯護人之相關規定。

第31條之1　選任非律師為輔佐人者，應得少年法院之同意。

第31條之2　輔佐人除保障少年於程序上之權利外，應協助少年法院促成少年之健全成長。

第 32 條　少年法院審理事件應定審理期日。審理期日應傳喚少年、少年之法定代理人或現在保護少年之人，並通知少年之輔佐人。

　　　　少年法院指定審理期日時，應考慮少年、少年之法定代理人、現在保護少年之人或輔佐人準備審理所需之期間。但經少年及其法定代理人或現在保護少年之人之同意，得及時開始審理。

　　　　第二十一條第三項、第四項之規定，於第一項傳喚準用之。

第 33 條　審理期日，書記官應隨同法官出席，製作審理筆錄。

第 34 條　調查及審理不公開。但得許少年之親屬、學校教師、從事少年保護事業之人或其他認為相當之人在場旁聽。

第 35 條　審理應以和藹懇切之態度行之。法官參酌事件之性質與少年之身心、環境狀態，得不於法庭內進行審理。

第 36 條　審理期日訊問少年時，應予少年之法定代理人或現在保護少年之人及輔佐人陳述意見之機會。

第 37 條　審理期日，應調查必要之證據。

　　　　少年應受保護處分之原因、事實，應依證據認定之。

第 38 條　少年法院認為必要時，得為下列處置：

　　　　一、少年為陳述時，不令少年以外之人在場。

　　　　二、少年以外之人為陳述時，不令少年在場。

　　　　前項少年為陳述時，少年法院應依其年齡及成熟程度權衡其意見。

第 39 條　少年調查官應於審理期日出庭陳述調查及處理之意見。

少年法院不採少年調查官陳述之意見者，應於裁定中記載不採之理由。

第 40 條　少年法院依審理之結果，認為事件有第二十七條第一項之情形者，應為移送之裁定；有同條第二項之情形者，得為移送之裁定。

第 41 條　少年法院依審理之結果，認為事件不應或不宜付保護處分者，應裁定諭知不付保護處分。

第二十八條第二項、第二十九條第三項、第四項之規定，於少年法院認為事件不宜付保護處分，而依前項規定為不付保護處分裁定之情形準用之。

第 42 條　少年法院審理事件，除為前二條處置者外，應對少年以裁定諭知下列之保護處分：

一、訓誡，並得予以假日生活輔導。

二、交付保護管束並得命為勞動服務。

三、交付安置於適當之福利、教養機構、醫療機構、執行過渡性教育措施或其他適當措施之處所輔導。

四、令入感化教育處所施以感化教育。

少年有下列情形之一者，得於為前項保護處分之前或同時諭知下列處分：

一、少年施用毒品或迷幻物品成癮，或有酗酒習慣者，令入相當處所實施禁戒。

二、少年身體或精神狀態顯有缺陷者，令入相當處所實施治療。

第一項處分之期間，毋庸諭知。

第二十九條第三項、第四項之規定，於少年法院依第一項為保護處分之裁定情形準用之。

少年法院為第一項裁定前，認有必要時，得徵詢適當之機關

（構）、學校、團體或個人之意見，亦得召開協調、諮詢或整合符合少年所需之福利服務、安置輔導、衛生醫療、就學、職業訓練、就業服務、家庭處遇計畫或其他資源與服務措施之相關會議。

前項規定，於第二十六條、第二十八條、第二十九條第一項、第四十一條第一項、第四十四條第一項、第五十一條第三項、第五十五條第一項、第四項、第五十五條之二第二項至第五項、第五十五條之三、第五十六條第一項及第三項情形準用之。

第 43 條　刑法及其他法律有關沒收之規定，於第二十八條、第二十九條、第四十一條及前條之裁定準用之。

少年法院認供第三條第一項第二款各目行為所用或所得之物不宜發還者，得沒收之。

第 44 條　少年法院為決定宜否為保護處分或應為何種保護處分，認有必要時，得以裁定將少年交付少年調查官為六月以內期間之觀察。

前項觀察，少年法院得徵詢少年調查官之意見，將少年交付適當之機關、學校、團體或個人為之，並受少年調查官之指導。

少年調查官應將觀察結果，附具建議提出報告。

少年法院得依職權或少年調查官之請求，變更觀察期間或停止觀察。

第 45 條　受保護處分之人，另受有期徒刑以上刑之宣告確定者，為保護處分之少年法院，得以裁定將該處分撤銷之。

受保護處分之人，另受保安處分之宣告確定者，為保護處分之少年法院，應以裁定定其應執行之處分。

第 46 條　受保護處分之人，復受另件保護處分，分別確定者，後為處分之少年法院，得以裁定定其應執行之處分。

依前項裁定為執行之處分者，其他處分無論已否開始執行，視

為撤銷。

第 47 條　少年法院為保護處分後，發見其無審判權者，應以裁定將該處
　　　　　分撤銷之，移送於有審判權之機關。

　　　　　保護處分之執行機關，發見足認為有前項情形之資料者，應通
　　　　　知該少年法院。

第 48 條　少年法院所為裁定，應以正本送達於少年、少年之法定代理人
　　　　　或現在保護少年之人、輔佐人及被害人，並通知少年調查官。

第 49 條　文書之送達，除本法另有規定外，適用民事訴訟法關於送達之
　　　　　規定。

　　　　　前項送達，對少年、少年之法定代理人、現在保護少年之人、
　　　　　輔佐人，及依法不得揭露足以識別其身分資訊之被害人或其法
　　　　　定代理人，不得為公示送達。

　　　　　文書之送達，不得於信封、送達證書、送達通知書或其他對外
　　　　　揭示之文書上，揭露足以使第三人識別少年或其他依法應保密
　　　　　其身分者之資訊。

第二節　保護處分之執行

第 50 條　對於少年之訓誡，應由少年法院法官向少年指明其不良行為，
　　　　　曉諭以將來應遵守之事項，並得命立悔過書。

　　　　　行訓誡時，應通知少年之法定代理人或現在保護少年之人及輔
　　　　　佐人到場。

　　　　　少年之假日生活輔導為三次至十次，由少年法院交付少年保護
　　　　　官於假日為之，對少年施以個別或群體之品德教育，輔導其學
　　　　　業或其他作業，並得命為勞動服務，使其養成勤勉習慣及守法
　　　　　精神；其次數由少年保護官視其輔導成效而定。

　　　　　前項假日生活輔導，少年法院得依少年保護官之意見，將少年
　　　　　交付適當之機關、團體或個人為之，受少年保護官之指導。

第 51 條　對於少年之保護管束，由少年保護官掌理之；少年保護官應告
　　　　　少年以應遵守之事項，與之常保接觸，注意其行動，隨時加以

指示；並就少年之教養、醫治疾病、謀求職業及改善環境，予
以相當輔導。

少年保護官因執行前項職務，應與少年之法定代理人或現在保
護少年之人為必要之洽商。

少年法院得依少年保護官之意見，將少年交付適當之福利或教
養機構、慈善團體、少年之最近親屬或其他適當之人保護管
束，受少年保護官之指導。

第 52 條　對於少年之交付安置輔導及施以感化教育時，由少年法院依其
行為性質、身心狀況、學業程度及其他必要事項，分類交付適
當之福利、教養機構、醫療機構、執行過渡性教育措施、其他
適當措施之處所或感化教育機構執行之，受少年法院之指導。

感化教育機構之組織及其教育之實施，以法律定之。

第 53 條　保護管束與感化教育之執行，其期間均不得逾三年。

第 54 條　少年轉介輔導處分及保護處分之執行，至多執行至滿二十一歲
為止。

執行安置輔導之福利及教養機構之設置及管理辦法，由兒童及
少年福利機構之中央主管機關定之。

第 55 條　保護管束之執行，已逾六月，著有成效，認無繼續之必要者，
或因事實上原因，以不繼續執行為宜者，少年保護官得檢具事
證，聲請少年法院免除其執行。

少年、少年之法定代理人、現在保護少年之人認保護管束之執
行有前項情形時，得請求少年保護官為前項之聲請，除顯無理
由外，少年保護官不得拒絕。

少年在保護管束執行期間，違反應遵守之事項，不服從勸導達
二次以上，而有觀察之必要者，少年保護官得聲請少年法院裁
定留置少年於少年觀護所中，予以五日以內之觀察。

少年在保護管束期間違反應遵守之事項，情節重大，或曾受前
項觀察處分後，再違反應遵守之事項，足認保護管束難收效果

者，少年保護官得聲請少年法院裁定撤銷保護管束，將所餘之執行期間令入感化處所施以感化教育，其所餘之期間不滿六月者，應執行至六月。

第55條之1　保護管束所命之勞動服務為三小時以上五十小時以下，由少年保護官執行，其期間視輔導之成效而定。

第55條之2　第四十二條第一項第三款之安置輔導為二月以上二年以下。

前項執行已逾二月，著有成效，認無繼續執行之必要者，或有事實上原因以不繼續執行為宜者，少年保護官、負責安置輔導之福利、教養機構、醫療機構、執行過渡性教育措施或其他適當措施之處所、少年、少年之法定代理人或現在保護少年之人得檢具事證，聲請少年法院免除其執行。

安置輔導期滿，少年保護官、負責安置輔導之福利、教養機構、醫療機構、執行過渡性教育措施或其他適當措施之處所、少年、少年之法定代理人或現在保護少年之人認有繼續安置輔導之必要者，得聲請少年法院裁定延長，延長執行之次數以一次為限，其期間不得逾二年。

第一項執行已逾二月，認有變更安置輔導之福利、教養機構、醫療機構、執行過渡性教育措施或其他適當措施之處所之必要者，少年保護官、少年、少年之法定代理人或現在保護少年之人得檢具事證或敘明理由，聲請少年法院裁定變更。

少年在安置輔導期間違反應遵守之事項，情節重大，或曾受第五十五條之三留置觀察處分後，再違反應遵守之事項，足認安置輔導難收效果者，少年保護官、負責安置輔導之福利、教養機構、醫療機構、執行過渡性教育措施或其他適當措施之處所、少年之法定代理人或現在保護少年之人得檢具事證，聲請少年法院裁定撤銷安置輔導，將所餘之執行期間令入感化處所施以感化教育，其所餘之期間不滿六月者，應執行至六月。

第55條之3　少年無正當理由拒絕接受第二十九條第一項或第四十二條第一

項第一款、第三款之處分,少年調查官、少年保護官、少年之法定代理人或現在保護少年之人、福利、教養機構、醫療機構、執行過渡性教育措施或其他適當措施之處所,得聲請少年法院核發勸導書,經勸導無效者,各該聲請人得聲請少年法院裁定留置少年於少年觀護所中,予以五日內之觀察。

第 56 條　執行感化教育已逾六月,認無繼續執行之必要者,得由少年保護官或執行機關檢具事證,聲請少年法院裁定免除或停止其執行。

少年或少年之法定代理人認感化教育之執行有前項情形時,得請求少年保護官為前項之聲請,除顯無理由外,少年保護官不得拒絕。

第一項停止感化教育之執行者,所餘之執行時間,應由少年法院裁定交付保護管束。

第五十五條之規定,於前項之保護管束準用之;依該條第四項應繼續執行感化教育時,其停止期間不算入執行期間。

第 57 條　第二十九條第一項之處分、第四十二條第一項第一款之處分及第五十五條第三項或第五十五條之三之留置觀察,應自處分裁定之日起,二年內執行之;逾期免予執行。

第四十二條第一項第二款、第三款、第四款及同條第二項之處分,自應執行之日起,經過三年未執行者,非經少年法院裁定應執行時,不得執行之。

第 58 條　第四十二條第二項第一款、第二款之處分期間,以戒絕治癒或至滿二十歲為止。但認無繼續執行之必要者,少年法院得免除之。

前項處分與保護管束一併諭知者,同時執行之;與安置輔導或感化教育一併諭知者,先執行之。但其執行無礙於安置輔導或感化教育之執行者,同時執行之。

依禁戒或治療處分之執行,少年法院認為無執行保護處分之必

要者，得免其保護處分之執行。

第 59 條　少年法院法官因執行轉介處分、保護處分或留置觀察，於必要時，得對少年發通知書、同行書或請有關機關協尋之。

少年保護官因執行保護處分，於必要時得對少年發通知書。

第二十一條第三項、第四項、第二十二條第二項、第二十三條及第二十三條之一規定，於前二項通知書、同行書及協尋書準用之。

第 60 條　少年法院諭知保護處分之裁定確定後，其執行保護處分所需教養費用，得斟酌少年本人或對少年負扶養義務人之資力，以裁定命其負擔全部或一部；其特殊清寒無力負擔者，豁免之。

前項裁定，得為民事強制執行名義，由少年法院囑託各該法院民事執行處強制執行，免徵執行費。

第三節　抗告及重新審理

第 61 條　少年、少年之法定代理人、現在保護少年之人或輔佐人，對於少年法院所為下列之裁定有不服者，得提起抗告。但輔佐人提起抗告，不得與選任人明示之意思相反：

一、第二十六條第一款交付少年調查官為適當輔導之裁定。

二、第二十六條第二款命收容或駁回聲請責付之裁定。

三、第二十六條之二第一項延長收容或駁回聲請撤銷收容之裁定。

四、第二十七條第一項、第二項之裁定。

五、第二十九條第一項之裁定。

六、第四十條之裁定。

七、第四十二條之處分。

八、第五十五條第三項、第五十五條之三留置觀察之裁定及第五十五條第四項之撤銷保護管束執行感化教育之處分。

九、第五十五條之二第三項延長安置輔導期間之裁定、第五項撤銷安置輔導執行感化教育之處分。

十、駁回第五十六條第一項聲請免除或停止感化教育執行之裁定。

十一、第五十六條第四項命繼續執行感化教育之處分。

十二、第六十條命負擔教養費用之裁定。

第 62 條　少年行為之被害人或其法定代理人，對於少年法院之左列裁定，得提起抗告：

一、依第二十八條第一項所為不付審理之裁定。

二、依第二十九條第一項所為不付審理，並為轉介輔導、交付嚴加管教或告誡處分之裁定。

三、依第四十一條第一項諭知不付保護處分之裁定。

四、依第四十二條第一項諭知保護處分之裁定。

被害人已死亡或有其他事實上之原因不能提起抗告者，得由其配偶、直系血親、三親等內之旁系血親、二親等內之姻親或家長家屬提起抗告。

第 63 條　抗告以少年法院之上級法院為管轄法院。

對於抗告法院之裁定，不得再行抗告。

第 64 條　抗告期間為十日，自送達裁定後起算。但裁定宣示後送達前之抗告亦有效力。

刑事訴訟法第四百零七條至第四百十四條及本章第一節有關之規定，於本節抗告準用之。

第64條之1　諭知保護處分之裁定確定後，有左列情形之一，認為應不付保護處分者，少年保護官、少年、少年之法定代理人、現在保護少年之人或輔佐人得聲請為保護處分之少年法院重新審理：

一、適用法規顯有錯誤，並足以影響裁定之結果者。

二、因發見確實之新證據，足認受保護處分之少年，應不付保護處分者。

三、有刑事訴訟法第四百二十條第一項第一款、第二款、第四款或第五款所定得為再審之情形者。

刑事訴訟法第四百二十三條、第四百二十九條、第四百三十條前段、第四百三十一條至第四百三十四條、第四百三十五條第一項、第二項、第四百三十六條之規定，於前項之重新審理程序準用之。

為保護處分之少年法院發見有第一項各款所列情形之一者，亦得依職權為應重新審理之裁定。

少年受保護處分之執行完畢後，因重新審理之結果，須受刑事訴追者，其不利益不及於少年，毋庸裁定移送於有管轄權之法院檢察署檢察官。

第64條之2　諭知不付保護處分之裁定確定後有下列情形之一，認為應諭知保護處分者，少年行為之被害人或其法定代理人得聲請為不付保護處分之少年法院重新審理：

一、有刑事訴訟法第四百二十二條第一款得為再審之情形。

二、經少年自白或發見確實之新證據，足認其有第三條第一項行為應諭知保護處分。

刑事訴訟法第四百二十九條、第四百三十一條至第四百三十四條、第四百三十五條第一項、第二項及第四百三十六條之規定，於前項之重新審理程序準用之。

為不付保護處分之少年法院發見有第一項各款所列情形之一者，亦得依職權為應重新審理之裁定。

第一項或前項之重新審理於諭知不付保護處分之裁定確定後，經過一年者不得為之。

第四章　少年刑事案件

第 65 條　對於少年犯罪之刑事追訴及處罰，以依第二十七條第一項、第二項移送之案件為限。

刑事訴訟法關於自訴之規定，於少年刑事案件不適用之。

本章之規定，於少年犯罪後已滿十八歲者適用之。

第 66 條　檢察官受理少年法院移送之少年刑事案件，應即開始偵查。

第 67 條　檢察官依偵查之結果，對於少年犯最重本刑五年以下有期徒刑
　　　　　之罪，參酌刑法第五十七條有關規定，認以不起訴處分而受保
　　　　　護處分為適當者，得為不起訴處分，移送少年法院依少年保護
　　　　　事件審理；認應起訴者，應向少年法院提起公訴。

　　　　　前項經檢察官為不起訴處分而移送少年法院依少年保護事件審
　　　　　理之案件，如再經少年法院裁定移送，檢察官不得依前項規
　　　　　定，再為不起訴處分而移送少年法院依少年保護事件審理。

第 68 條　（刪除）

第 69 條　對於少年犯罪已依第四十二條為保護處分者，不得就同一事
　　　　　件再為刑事追訴或處罰。但其保護處分經依第四十五條或第
　　　　　四十七條之規定撤銷者，不在此限。

第 70 條　少年刑事案件之偵查及審判，準用第三章第一節及第三節有關
　　　　　之規定。

第 71 條　少年被告非有不得已情形，不得羈押之。

　　　　　少年被告應羈押於少年觀護所。於年滿二十歲時，應移押於看
　　　　　守所。

　　　　　少年刑事案件，前於法院調查及審理中之收容，視為未判決前
　　　　　之羈押，準用刑法第三十七條之二折抵刑期之規定。

第 72 條　（刪除）

第 73 條　審判得不公開之。

　　　　　第三十四條但書之規定，於審判不公開時準用之。

　　　　　少年、少年之法定代理人或現在保護少年之人請求公開審判
　　　　　者，除有法定不得公開之原因外，法院不得拒絕。

第 74 條　法院審理第二十七條之少年刑事案件，對於少年犯最重本刑十
　　　　　年以下有期徒刑之罪，如顯可憫恕，認為依刑法第五十九條規
　　　　　定減輕其刑仍嫌過重，且以受保護處分為適當者，得免除其
　　　　　刑，諭知第四十二條第一項第二款至第四款之保護處分，並得
　　　　　同時諭知同條第二項各款之處分。

前項處分之執行，適用第三章第二節有關之規定。

第 75 條　（刪除）

第 76 條　（刪除）

第 77 條　（刪除）

第 78 條　對於少年不得宣告褫奪公權及強制工作。

少年受刑之宣告，經執行完畢或赦免者，適用關於公權資格之法令時，視為未曾犯罪。

第 79 條　刑法第七十四條緩刑之規定，於少年犯罪受三年以下有期徒刑、拘役或罰金之宣告者適用之。

第 80 條　少年受刑人徒刑之執行，應注意監獄行刑法第三條、第八條及第三十九條第二項之規定。

第 81 條　少年受徒刑之執行而有悛悔實據者，無期徒刑逾七年後，有期徒刑逾執行期三分之一後，得予假釋。

少年於本法施行前，已受徒刑之執行者，或在本法施行前受徒刑宣告確定之案件於本法施行後受執行者，準用前項之規定。

第 82 條　少年在緩刑或假釋期中應付保護管束。

前項保護管束，於受保護管束人滿二十三歲前，由檢察官囑託少年法院少年保護官執行之。

第五章　附　則

第 83 條　任何人不得於媒體、資訊或以其他公示方式揭示有關少年保護事件或少年刑事案件之記事或照片，使閱者由該項資料足以知悉其人為該保護事件受調查、審理之少年或該刑事案件之被告。

違反前項規定者，由主管機關依法予以處分。

第83條之1　少年受第二十九條第一項之處分執行完畢二年後，或受保護處分或刑之執行完畢或赦免三年後，或受不付審理或不付保護處分之裁定確定後，視為未曾受各該宣告。

少年有前項或下列情形之一者，少年法院應通知保存少年前案

紀錄及有關資料之機關、機構及團體,將少年之前案紀錄及有
關資料予以塗銷:

一、受緩刑之宣告期滿未經撤銷,或受無罪、免訴、不受理判
　　決確定。

二、經檢察機關將緩起訴處分期滿,未經撤銷之事由通知少年
　　法院。

三、經檢察機關將不起訴處分確定,毋庸移送少年法院依少年
　　保護事件審理之事由通知少年法院。

前項紀錄及資料,除下列情形或本法另有規定外,少年法院及
其他任何機關、機構、團體或個人不得提供:

一、為少年本人之利益。

二、經少年本人同意,並應依其年齡及身心發展程度衡酌其意
　　見;必要時得聽取其法定代理人或現在保護少年之人之意
　　見。

少年之前案紀錄及有關資料之塗銷、利用、保存、提供、統計
及研究等相關事項之辦法,由司法院定之。

第83條之2　違反前條規定未將少年之前科紀錄及有關資料塗銷或無故提供
　　　　　者,處六月以下有期徒刑、拘役或新臺幣三萬元以下罰金。

第83條之3　外國少年受轉介處分、保護處分、緩刑或假釋期內交付保護管
　　　　　束者,少年法院得裁定以驅逐出境代之。

　　　　　前項裁定,得由少年調查官或少年保護官聲請;裁定前,應予
　　　　　少年、其法定代理人或現在保護少年之人陳述意見之機會。但
　　　　　經合法通知,無正當理由不到場者,不在此限。

　　　　　對於第一項裁定,得提起抗告,並準用第六十一條、第六十三
　　　　　條及第六十四條之規定。

　　　　　驅逐出境由司法警察機關執行之。

第 84 條　少年之法定代理人,因忽視教養,致少年有第三條第一項之情
　　　　　形,而受保護處分或刑之宣告,或致保護處分之執行難收效果

者，少年法院得裁定命其接受八小時以上五十小時以下之親職教育輔導，以強化其親職功能。

少年法院為前項親職教育輔導裁定前，認為必要時，得先命少年調查官就忽視教養之事實，提出調查報告並附具建議。

親職教育輔導之執行，由少年法院交付少年保護官為之，並得依少年保護官之意見，交付適當之機關、團體或個人為之，受少年保護官之指導。

親職教育輔導應於裁定之日起三年內執行之；逾期免予執行，或至多執行至少年成年為止。但因事實上原因以不繼續執行為宜者，少年保護官得檢具事證，聲請少年法院免除其執行。

拒不接受親職教育輔導或時數不足者，少年法院得裁定處新臺幣六千元以上三萬元以下罰鍰；經再通知仍不接受者，得按次連續處罰，至其接受為止。其經連續處罰三次以上者，並得裁定公告法定代理人之姓名。

前項罰鍰之裁定，得為民事強制執行名義，由少年法院囑託各該地方法院民事執行處強制執行之，免徵執行費。

少年之法定代理人有第一項情形，情況嚴重者，少年法院並得裁定公告其姓名。

第一項、第五項及前項之裁定，受處分人得提起抗告，並準用第六十三條、第六十四條之規定。

第 85 條　成年人教唆、幫助或利用未滿十八歲之人犯罪或與之共同實施犯罪者，依其所犯之罪，加重其刑至二分之一。

少年法院得裁定命前項之成年人負擔第六十條第一項教養費用全部或一部，並得公告其姓名。

第85條之1　（刪除）

第 86 條　本法施行細則，由司法院會同行政院定之。

少年保護事件審理細則，由司法院定之。

少年法院與相關行政機關處理少年事件聯繫辦法，由司法院會

同行政院定之。

少年偏差行為之輔導及預防辦法，由行政院會同司法院定之。

第 87 條　本法自中華民國六十年七月一日施行。

本法修正條文，除中華民國一百零八年五月三十一日修正公布之第十八條第二項至第七項自一百十二年七月一日施行；第四十二條第一項第三款關於交付安置於適當之醫療機構、執行過渡性教育措施或其他適當措施之處所輔導部分及刪除第八十五條之一自公布一年後施行外，自公布日施行。

少年事件處理法施行細則

民國110年12月15日司法院、行政院令會同修正發布。

第 1 條　本細則依少年事件處理法（以下簡稱本法）第八十六條第一項
　　　　　規定訂定之。

第 2 條　本法規定由少年法院行使之職權，於未設少年及家事法院地
　　　　　區，由地方法院設少年法庭依本法辦理之。

第 3 條　本法所稱少年刑事案件，係指少年於十四歲以上未滿十八歲
　　　　　時，有觸犯刑罰法律之行為，經少年法院依本法第二十七條裁
　　　　　定移送檢察官開始偵查之案件。本細則第七條第二項規定之案
　　　　　件，亦同。

第 4 條　少年觸犯刑罰法律，於滿十八歲後，始經報告或移送少年法院
　　　　　之事件，仍由少年法院依本法第三章之規定處理。但事件繫屬
　　　　　後少年已滿二十歲，且少年法院依調查之結果，認少年觸犯刑
　　　　　罰法律者，應以裁定移送有管轄權之檢察署檢察官。

第 5 條　本法修正施行前已受理之事件，除有特別規定外，其調查、審
　　　　　理及執行程序，應依修正後之規定處理；於本法修正施行前已
　　　　　依法定程序進行之處理，其效力不受影響。

第 6 條　本法中華民國一百零八年六月十九日修正公布之第三條施行
　　　　　前，僅依修正前該條第二款第一目至第四目規定移送少年法院
　　　　　之事件，於修正施行後，應視其進行情形，分別諭知不付審理
　　　　　或不付保護處分之裁定；收容中之少年，並應立即釋放。
　　　　　前項事件經裁定交付轉介輔導或保護處分確定，其尚未執行或
　　　　　未執行完畢者，自本法中華民國一百零八年六月十九日修正公
　　　　　布之第三條施行之日起，免予執行或中止執行。
　　　　　前二項少年之法定代理人或監護人經少年法院裁定命接受親職
　　　　　教育確定，其尚未執行或未執行完畢者，自本法中華民國一百
　　　　　零八年六月十九日修正公布之第三條施行之日起，免予執行或

中止執行。

前三項情形，少年法院尚未通知保存少年前案紀錄及有關資料之機關、機構及團體，將少年之前案紀錄及有關資料塗銷者，自本法中華民國一百零八年六月十九日修正公布之第三條施行之日起，應通知予以塗銷。

第 7 條　檢察官受理一般刑事案件，發現被告於犯罪時未滿十八歲者，應移送該管少年法院。但被告已滿二十歲者，不在此限。

前項但書情形，檢察官應適用本法第四章之規定進行偵查，認應起訴者，應向少年法院提起公訴。

少年刑事案件，少年法院就犯罪事實之一部移送者，其效力及於全部，檢察官應就全部犯罪事實加以偵查。

第 8 條　本法中華民國八十九年二月二日修正公布施行前，已依修正前第二十七條第一項或第二項規定移送檢察官或提起公訴之案件，依修正施行後之規定處理。但案件已判決確定者，不在此限。

第 9 條　少年法院於調查或審理中，對於觸犯告訴乃論之罪，而其未經告訴、告訴已經撤回或已逾告訴期間之十四歲以上少年，應逕依少年保護事件處理，毋庸裁定移送檢察官。

檢察官偵查少年刑事案件，認有前項情形者，應依刑事訴訟法第二百五十二條第五款規定為不起訴處分，並於處分確定後，將案件移送少年法院依少年保護事件處理。其因未經告訴或告訴不合法而未為處分者，亦同。

少年法院審理少年刑事案件，認有第一項情形者，應依刑事訴訟法第三百零三條第三款規定諭知不受理判決，並於判決確定後，依少年保護事件處理。其因檢察官起訴違背本法第六十五條第一項、第三項規定，經依刑事訴訟法第三百零三條第一款規定諭知不受理判決確定，而應以少年保護事件處理者，亦同。

前三項所定應依保護事件處理之情形，於少年超過二十一歲者，不適用之。

第 10 條　檢察官、司法警察官或法院於執行職務時，知七歲以上未滿十二歲之兒童有觸犯刑罰法律之行為者，應依本法第八十五條之一第一項規定移送該管少年法院。

不論何人知兒童有前項之行為者，得向該管少年法院報告。

前二項規定自本法修正刪除第八十五條之一於中華民國一百零九年六月十九日施行之日起，不再適用；已移送少年法院之事件，應準用第六條規定處理之。

第 11 條　檢察官對少年法院依本法第二十七條第一項第一款規定移送之案件，經偵查結果，認為係犯該款規定以外之罪者，應依刑事訴訟法第二百五十五條第一項規定為不起訴處分，並於處分確定後，將案件移送少年法院。

第 12 條　少年受保安處分之保護管束宣告，並另受保護處分之保護管束宣告，依本法第四十五條第二項定其應執行處分者，少年法院得裁定執行其一，或併執行之。

宣告多數保護管束或感化教育處分時，除依前項或本法第四十六條規定處理外，準用保安處分執行法第四條之一之有關規定執行之；保護處分與保安處分併存時，亦同。

第 13 條　本法修正施行前規定不得抗告之裁定，依修正後本法規定得為抗告，其確定在修正施行前者，仍不得抗告；其確定在修正施行後者，適用修正後之規定。

第 14 條　本法第六十四條之二規定，於本法中華民國八十六年十月二十九日修正公布施行後受理之案件始有適用。

第 15 條　少年保護官於本法中華民國一百零八年六月十九日修正公布之第八十二條施行前辦理之保護管束案件，執行期間受保護管束人滿二十三歲者，應報請檢察官交由檢察署觀護人執行之。

第15條之1　少年之法定代理人經少年法院裁定命接受親職教育確定，其尚

未執行或未執行完畢，而少年已成年者，自少年成年之日起，免予執行或中止執行。

第 16 條　少年法院審理少年刑事案件認有必要時，得依本法第十九條規定辦理。

第 17 條　本法中華民國一百零八年六月十九日修正公布之第八十三條之一第二項、第三項關於塗銷少年前案紀錄及有關資料與不得無故提供之規定，及依同條第四項所定之辦法，於本法修正施行前之少年事件，亦有適用。

前項紀錄及有關資料塗銷之規定，於法院不適用之。

本法所稱塗銷，係指予以塗抹、刪除或遮掩，使一般人無法直接或經比對後可辨識為少年者而言；經塗銷後紀錄及檔案資料之保存及銷毀，仍依保存機關、機構或團體對各該檔案之保存及銷毀有關法規辦理。

第 18 條　本法所稱之少年前案紀錄及有關資料，係指保存機關、機構及團體依其業務就本法第八十三條之一第一項事件或案件所建立之移送、調查、偵查、審理、執行之紀錄。但不含保存機關、機構及團體因調查、偵查、審理、執行該事件或案件所編纂之卷宗。

第 19 條　細則自發布日施行。

少年保護事件審理細則

民國110年9月28日司法院令修正發布。

第 1 條　本細則依少年事件處理法（以下簡稱本法）第八十六條第二項
　　　　規定訂定之。

第 2 條　本法用詞定義如下：

　　　　一、危險器械：指槍砲彈藥刀械管制條例所定以外之槍砲、彈
　　　　　　藥、刀械等危險器械。

　　　　二、現在保護少年之人：指少年之親屬、家長、家屬、師長、
　　　　　　雇主等，具有長期性或繼續性，且於少年法院、機關
　　　　　　（構）、學校或團體處理少年事件時，得保護少年之人。

　　　　三、其他適當之人：指少年之法定代理人或現在保護少年之人
　　　　　　以外，得依事務性質，提供少年必要協助之人。

第 3 條　詢（訊）問少年或告知法律所定應告知事項時，應以和藹懇切
　　　　之態度、適當方式，及使用少年易於瞭解之用語為之，並使少
　　　　年得自由表達意見。

　　　　少年因精神或其他心智障礙無法為完全之陳述者，必要時，得
　　　　請兒童及少年心理衛生或其他專業人士協助。

　　　　少年不通曉詢（訊）問之人所使用之語言者，應由通譯傳譯
　　　　之；其為聽覺、語言或多重障礙者，除由通譯傳譯外，並得以
　　　　文字、手語或其他適當方式詢（訊）問，少年亦得以上開方式
　　　　表達。

第 4 條　本法第十七條之報告及第十八條之移送或請求，應表明下列事
　　　　項：

　　　　一、少年、少年之法定代理人或現在保護少年之人姓名、住居
　　　　　　所、電話號碼，少年性別、出生年月日、出生地、國民身
　　　　　　分證字號或其他足資辨別之特徵。

　　　　二、少年觸犯刑罰法律或有本法第三條第一項第二款各目之事

　　　　實。

　　三、有關證據及可資參考之資料。

　　本法第十八條第一項之移送，應以書面為之。同法第十七條之報告及第十八條第八項之請求，得以書面或言詞為之；其以言詞為之者，報告人或請求人應就前項各款所列事項分別陳明，由書記官記明筆錄，交報告人或請求人簽名或按指印。

　　少年法院為受理前項言詞報告或請求，得設置適當處所，並印製報告或請求之書面格式備用。

第 5 條　警察機關之移送書，除應記載前條所規定之事項外，並應一併附送扣押物及有關資料。

第 6 條　少年法院先後受理同一少年之本法第三條第一項所列事件者，應併案處理之。

第 7 條　少年法院對於保護事件管轄權之有無，除別有規定外，應以受理時為準。

第 8 條　少年法院受理本法第三條第一項之事件，依調查結果，認無管轄權者，應以裁定移送於有管轄權之少年法院。

第 9 條　少年法院之法官、書記官、通譯之迴避，準用刑事訴訟法有關之規定。

　　少年調查官、少年保護官、心理測驗員、心理輔導員之迴避，準用刑事訴訟法有關書記官迴避之規定。

第 10 條　本法第三十一條第二項之事件，如未選任輔佐人，或其選任之非律師為少年法院所不同意者，少年法院應於調查及審理程序中指定適當之人輔佐少年。

　　少年法院依前項或本法第三十一條第三項規定指定適當之人時，得指定法院公設辯護人或律師輔佐少年；指定時，以具有少年保護之學識、經驗及熱忱者優先。

　　指定輔佐人後，經選任律師為輔佐人者，得將指定之輔佐人撤銷。

第 11 條　選任輔佐人應以書面為之，除律師外，並應記載受選任人與少
　　　　　年之關係。

　　　　　前項選任之輔佐人，除律師外，少年法院認為被選任人不適當
　　　　　時，得禁止之。

　　　　　輔佐人之選任，應於每審級為之。

　　　　　輔佐人於調查及審理中得檢閱卷宗及證物，並得抄錄或攝影。
　　　　　但於下列情形，少年法院得限制之：

　　　　　一、其內容與少年經移送之事實無關。

　　　　　二、有事實足認妨害另案之調查、審理或偵查。

　　　　　三、涉及少年、被害人或其他第三人之隱私或業務秘密。

　　　　　四、有妨害少年健全自我成長之虞。

第 12 條　輔佐人應依少年年齡及心智成熟程度，以少年、少年之法定代
　　　　　理人或現在保護少年之人所能理解之適當方式，告知進行之程
　　　　　序、情形及結果。

第 13 條　輔佐人為協助促成少年之健全成長，得就下列事項向少年法院
　　　　　提出建議：

　　　　　一、少年對於處理程序之理解能力；通譯、兒童及少年心理衛
　　　　　　　生或其他專業人士協助之需求。

　　　　　二、有利於少年健全成長之處遇方案、可連結或轉介之資源，
　　　　　　　以及少年、少年之法定代理人或現在保護少年之人之意
　　　　　　　願。

　　　　　三、進行親職教育或親子關係輔導與修復、心理諮商或心理輔
　　　　　　　導、其他醫療行為之可能性或必要性；進行之適當方式、
　　　　　　　時間或場所。

　　　　　四、本法第二十六條第一項第一款、第二十八條第二項、第
　　　　　　　二十九條第一項第三款、第三項、第四十一條第二項、第
　　　　　　　四十二條第一項第三款、第二項、第四十四條第二項所定
　　　　　　　責付、轉介或交付對象、實施禁戒或治療之處所。

五、收容期間之鑑別事項。

六、其他認為適當之事項。

前項建議，經少年法院同意以言詞提出者，並載明於筆錄。

第 14 條　少年保護事件之調查及審理，法官、書記官執行職務時，均得不著制服；律師及其他人員在少年法院執行職務時，亦同。

第 15 條　執行同行時，應各以同行書之一聯交付應同行人及其指定之親友。應同行人不願或無法指定親友者，應記明筆錄或於同行書上註記事由。

第 16 條　執行同行認有必要時，得檢查應同行人之身體；檢查婦女之身體，應命婦女行之，但不能由婦女行之者，不在此限。

前項身體之檢查，應注意隱私、名譽維護及性別尊重，並不得逾必要之程度。

第 17 條　少年法院於將少年責付於其他適當之機關（構）、團體或個人前，得通知少年調查官先行聯繫。

少年法院於少年責付後，得將少年交付少年調查官為適當之輔導。

前項情形，少年法院得依少年之需要，就輔導方法為適當之指示，並得準用有關保護管束之規定。

第二項事件終結前，少年調查官應提出輔導報告。

第 18 條　本法第二十六條第一項第一款所定之輔導，少年法院得依少年調查官之聲請或依職權停止之。

本法第二十六條第一項第二款所稱之責付顯不適當，應以少年之行為、性格及環境等為基礎，並注意下列事項：

一、有自傷或暴力攻擊傾向。

二、有暫時隔離不良環境之必要。

三、有危害被害人或證人安全之虞。

四、有反覆實施觸犯刑罰法律行為之虞。

第 19 條　少年法院為收容之處分時，應斟酌必要性及最後手段原則；知

悉少年有身心特殊情狀或其他應注意事項，宜附記於收容書。

少年收容期間，少年法院如認有禁止接見、通信、扣押受授書籍或其他物件之必要時，應審查是否具法定限制原因及符合比例原則，並考量少年健全自我成長與親情維繫等需求，決定禁止或扣押之對象、範圍及期間。

少年經收容後，應注意不得逾法定期限，並應持續評估收容之必要性，以符比例原則。如認有改以他案收容，或由調查程序改為審理程序收容之必要者，應換發收容書。

第 20 條　少年法院受理少年事件後，應即通知少年調查官為必要之調查，並得指示應調查之事項、範圍與期限。

少年調查官除有特殊情事經陳明法官外，應於指定之期限內完成調查及提出報告，並附具對少年處遇之具體建議。

少年法院對於前項之調查報告認有必要時，得交由少年調查官補足或重新調查。

第 21 條　少年調查官依本法第十九條第一項為調查時，除有事實足認顯無必要或有窒難情事者外，應進行訪視；須與少年、少年之法定代理人或現在保護少年之人及其他關係人談話時，得以通知書傳喚到場會談。

為前項訪視或會談時，得錄音及製作筆錄；筆錄由陳述人簽名或按指印。

少年調查官於必要時，得以電話或其他科技設備進行第一項之談話，並製作談話紀錄或留存談話往來紀錄。

第 22 條　詢（訊）問少年前，應通知少年之法定代理人、現在保護少年之人或其他適當之人到場。但有急迫情況者，不在此限。

前項通知，得以書面、電話、傳真、資訊網路或其他適當方式為之，並應留存紀錄，以備查考。

第 23 條　詢（訊）問少年時，應由少年之法定代理人、現在保護少年之人或其他適當之人陪同在場。但經合法通知，無正當理由不到

場或有急迫情形者，不在此限。

前項情形，應注意保障少年得自由表示其意見。

第 24 條　同一少年同時有本法第三條第一項第一款、第二款之二件以上
事件繫屬，少年法院依調查或審理結果，將第一款之事件裁定
移送檢察官者，在少年刑事案件處分或裁判確定前，少年法院
得停止少年保護事件之調查或審理。

前項情形，少年經受有期徒刑以上刑之宣告確定，少年法院除
認有另付保護處分之必要者外，得依本法第二十八條第一項以
其他事由不應付審理或依第四十一條第一項以事件不宜付保護
處分為由，裁定諭知不付審理或不付保護處分。

第 25 條　調查期日應通知少年調查官到庭陳述調查及處理之意見。但少
年法院認無必要者，不在此限。

第 26 條　少年法院得囑託其他少年法院，就繫屬中之少年事件為必要之
協助。

少年法院因執行職務，得請警察機關、自治團體、學校、醫療
機構或其他機關、團體或適當之人為必要之協助，並得依本法
第四十二條第五項徵詢意見，亦得召開協調、諮詢或整合資源
與服務措施之相關會議。

少年法院召開前項會議，認有行專家諮詢之必要時，得以電
話、請其到院、參與會議或其他方式，請專家提供專業意見。

第 27 條　少年法院對於少年調查官提出之處遇意見之建議，經徵詢少
年、少年之法定代理人或現在保護少年之人及輔佐人之同意，
依本法第二十九條第一項為不付審理之裁定並當場宣示主文及
認定之事實者，得僅由書記官記載於筆錄，不另作裁定書；認
定之事實與報告、移送或請求之內容不同者，應於宣示時一併
告知事實及理由要旨，並記載於筆錄。

前項筆錄正本或節本之送達，準用本法第四十八條之規定，並
與裁定正本之送達，有同一之效力。

第 28 條　少年調查官為執行本法第二十九條第一項各款之處分，得通知少年、少年之法定代理人或現在保護少年之人到場。

少年調查官執行本法第二十九條第一項第三款之處分時，得於必要時通知受轉介之福利、教養機構、醫療機構、執行過渡性教育措施或其他適當措施之處所之人員到場。

第 29 條　少年法院依本法第二十九條第三項轉介適當機關（構）、團體或個人進行修復前，應說明轉介修復之性質，經少年、少年之法定代理人及被害人之同意，並告知得諮詢律師，且必要時，得由通譯協助。

參與修復程序未達成協議，或未履行協議，均不得作為裁定認定事實或處遇決定之依據。

第一項受轉介之機關（構）、團體或個人於進行修復前，應注意下列事項，並告知參與者知悉：

一、對少年個人資料及少年事件之記事或照片應予保密。

二、對修復程序期間非公開進行之討論，除當事人同意或法律另有規定外，應予保密且不得以任何方式對參與修復程序以外之人揭示相關訊息。

三、未成年人得由其法定代理人協助。

第 30 條　少年法院依調查結果，認為有下列情形之一者，應諭知不付審理之裁定：

一、報告、移送或請求之要件不備，而無法補正或不遵限補正。

二、本法第三條第一項第一款之事件，如屬告訴乃論之罪未經告訴或其告訴已經撤回或已逾告訴期間，而於裁定前已滿二十一歲。

三、少年有本法第三條第一項第二款或於未滿十四歲時有該項第一款之事件，裁定前少年已滿二十一歲。

四、同一事件，業經有管轄權之少年法院為實體上之裁定確

　　　　　　定。

五、少年因另受感化教育處分之裁判確定,無再受其他保護處
　　分執行之必要。

六、少年現居國外,於滿二十一歲前無法回國,事實上無法進
　　行調查;或罹疾病,短期內顯難痊癒,無法受保護處分之
　　執行;或已死亡。

七、其他不應或不宜付審理之事由。

第 31 條　調查期日,應由書記官依進行事項製作調查筆錄;事件依本法
　　　　　第二十九條第一項各款裁定終結前,宜注意使少年調查官陳述
　　　　　調查及處理之意見,及最後予到場之少年陳述之機會。

　　　　　調查期日,應通知被害人並予陳述意見之機會。但經合法傳喚
　　　　　無正當理由不到場,或陳明不願到場,或少年法院認為不必
　　　　　要、不適宜或有礙少年健全之自我成長者,不在此限。

　　　　　被害人之法定代理人、配偶、直系或三親等內旁系血親、家
　　　　　長、家屬、醫師、心理師、輔導人員、社工人員或其信賴之
　　　　　人,經被害人同意後,得陪同在場並陳述意見。但少年法院認
　　　　　其在場有礙調查程序之進行或少年健全之自我成長者,不適用
　　　　　之。

　　　　　前二項之人到場時,應注意其隱私之保護;少年法院審酌個案
　　　　　情節、少年及被害人之身心狀況、少年及其法定代理人或現在
　　　　　保護少年之人及輔佐人之意見,認有必要時,得令少年在場,
　　　　　並得利用遮蔽設備,將少年與到場之人適當隔離。

　　　　　受訊問人就第一項至第三項筆錄中,關於其陳述之部分,得請
　　　　　求朗讀或交其閱覽,如請求將記載增、刪、變更者,應附記其
　　　　　陳述。

　　　　　調查筆錄應由到場之人緊接其記載之末行簽名、蓋章或按指
　　　　　印;到場之人拒絕簽名、蓋章或按指印時,附記其事由。

第 32 條　少年法院開始審理之裁定,得於調查時以言詞為之,並由書記

官記明筆錄。其經到場之少年、少年之法定代理人或現在保護少年之人同意者，得即時開始審理。

前項即時開始審理情形，於少年之輔佐人聲請檢閱卷宗及證物時，少年法院應另行指定審理期日。

第 33 條　第一次審理期日之傳喚通知書，除下列情形外，至遲應於五日前送達：

一、依前條規定即時開始審理者。

二、經到場之少年、少年之法定代理人或現在保護少年之人同意進行審理者。

第 34 條　少年法院依本法第四十四條第一項將少年交付觀察時，應於裁定內指定其觀察期間，並得就應觀察事項為適當之指示。

少年經依本法第四十四條第二項交付適當之機關、學校、團體或個人為觀察時，少年調查官應與各該受交付者隨時保持聯繫，並為適當之指導。

前二項觀察之執行，除另有規定外，得準用有關執行保護管束之規定。

少年調查官應於觀察期滿後十四日內，就觀察結果提出報告，並附具對少年處遇之具體建議。

第 35 條　審理期日，除有特別規定外，少年不到庭者不得審理。

第 36 條　少年法院為留置觀察、撤銷保護管束或安置輔導之處分前，應予少年、少年之法定代理人或現在保護少年之人陳述意見之機會。

第 37 條　少年法院受理免除或停止感化教育之聲請，除顯無必要外，應指派少年保護官進行訪查，並得命感化教育執行機關（構）或其他機關（構）提供少年在感化教育期間之紀錄、復歸社會事宜等相關資料。

少年法院為前項裁定前，得依本法第四十二條第五項徵詢意見，亦得召開協調、諮詢或整合資源與服務措施之相關會議，

並準用第二十六條第三項之規定。

第 38 條　審理期日，少年拒絕陳述或未受許可而退庭者，得不待其陳述逕行審理及裁定。

第 39 條　審理期日，少年、少年之法定代理人或現在保護少年之人經合法傳喚，無正當理由不到場者，少年法院認為應依本法第四十一條第一項或少年已滿二十歲而應依本法第四十條前段裁定之事件，得不待其陳述，逕行審理及裁定。

第 40 條　審理期日，應由審理之法官始終出庭；如有更易者，應更新審理程序，並記明筆錄。

第 41 條　審理非一次期日所能終結者，除有特別情形者外，應於次日連續開庭；如下次開庭因故間隔至十五日以上者，應更新審理程序，並記明筆錄。

第 42 條　審理期日，應由書記官製作審理筆錄，記載下列事項及其他一切審理程序：

一、審理之少年法院及年月日時。

二、法官、少年調查官、書記官、到場通譯之姓名。

三、少年、少年之法定代理人或現在保護少年之人、輔佐人或其他在場之人之姓名。

四、少年不出庭者，其事由。

五、訊問證人、鑑定人或其他關係人事項。

六、少年調查官、少年之法定代理人或現在保護少年之人、輔佐人、其他到場之人陳述之要旨。

七、當庭宣讀或告以要旨之文書。

八、當庭出示之證據。

九、當庭實施之扣押或勘驗。

十、法官命令記載或關係人聲請經法官許可記載之事項。

十一、最後予少年陳述之機會。

十二、裁定之宣示。

第三十一條第二項至第五項規定，於審理期日準用之。

第 43 條　前條之筆錄，應於每次開庭後二日內整理之。

第 44 條　調查或審理筆錄應由法官及書記官簽名；法官有事故時，僅由書記官簽名，書記官有事故時，僅由法官簽名，並分別附記其事由。

第 45 條　調查或審理期日之程序專以筆錄為證。

第 46 條　筆錄內引用附卷之文書或表示將文書附錄者，其文書所記載之事項與記載於筆錄有同一之效力。

第 47 條　已審理終結之事件在宣示前，遇有必要情形，少年法院得裁定重開審理。

第 48 條　宣示裁定，應自審理終結之日起七日內為之。但案情繁雜或有特殊情形者，不在此限。

第 49 條　宣示裁定應向少年為之。但少年不到庭者，不在此限。

第 50 條　宣示裁定，不以參與審理之法官為限。

第 51 條　未經審理程序之裁定，毋庸宣示。

第 52 條　保護處分之裁定書，應分別記載主文、事實與理由。

第二十七條之規定，於前項為保護處分之裁定時準用之；諭知本法第四十二條第一項第三款、第四款之保護處分時，應一併告知其處遇必要性及相當性之理由要旨，並由書記官記載於筆錄。

前項理由要旨，得由法官另紙製作並引為宣示筆錄之附件。

第 53 條　諭知安置輔導處分之裁定書，應於主文中指明受交付之機構或處所名稱。

前項情形，如受交付機構或處所無法接受少年，應由少年法院另以裁定指定之。

第 54 條　諭知保護處分之裁定書，應於理由內分別記載下列事項：

一、認定應付保護處分事實所憑之證據及其認定之理由。

二、對於少年有利之證據不採納者，其理由。

　　　三、依本法第四十二條第一項各款諭知保護處分所審酌之必要
　　　　　性、相當性及執行方法之理由。

　　　四、對於少年調查官到庭陳述意見不採納者，其理由。

　　　五、諭知沒收或附隨處分者，其理由。

　　　六、適用之法律。

第 55 條　少年法院為親職教育輔導處分之裁定前，認有必要時，得準用
　　　　　第二十條之規定。

　　　　　諭知親職教育輔導處分之裁定書，應於主文中指明其執行之時
　　　　　數，並得準用第二十七條之規定。

第 56 條　不得抗告之裁定經當庭宣示者，得僅命記載於筆錄；未經當庭
　　　　　宣示者，應以適當方法通知受裁定人。

第 57 條　裁定得為抗告者，其抗告期間及提出抗告狀之法院，應於宣示
　　　　　時一併告知，並應記載於送達之裁定正本、筆錄正本或節本。

第 58 條　本法規定得為抗告之人，對於少年法院依第二十七條第一項、
　　　　　第五十二條第二項及第五十五條第二項規定製作筆錄之事件提
　　　　　起合法抗告者，原裁定之少年法院應於七日內補行製作理由
　　　　　書，送達於少年及其他關係人。但案情複雜或有特殊情形者，
　　　　　不在此限。

第 59 條　少年保護事件經抗告者，收容中之少年應連同卷宗及證物，一
　　　　　併護送抗告法院。

　　　　　抗告法院受理少年抗告事件，除抗告不合法定程式或顯無理由
　　　　　而應裁定駁回外，得準用有關少年法院調查及審理之規定，並
　　　　　通知少年調查官再為調查。

　　　　　高等法院或其分院少年法庭對於抗告事件，除有由原裁定法院
　　　　　續為調查之必要外，應自為裁定。

第 60 條　依本法第二十七條或第四十條規定裁定移送檢察官者，收容中
　　　　　之少年應連同卷宗及證物，一併護送該管檢察署。

第 61 條　收容於少年觀護所之少年，經諭知不付審理、不付保護處分或

訓誡者，視為撤銷收容。但抗告期間得命責付。

第 62 條　被收容之少年，於抗告期間內，向少年觀護所長官提出抗告書狀，視為已向原裁定之少年法院提起抗告。少年不能自作抗告書狀者，少年觀護所公務員應為之代作。

第 63 條　少年觀護所長官接受抗告書狀後，應附記接受之年、月、日、時，送交原裁定之少年法院。

第 64 條　本細則自發布日施行。

少年觀護所設置及實施通則

民國96年7月11日總統令修正公布。

第一章　總　則

第 1 條　本通則依少年事件處理法第二十六條之二第五項制定之。

第 2 條　少年觀護所隸屬於高等法院檢察署，其設置地點及管轄，由高
　　　　等法院檢察署報請法務部核定之。
　　　　關於少年保護事件少年之收容及少年刑事案件審理中少年之羈
　　　　押事項，並受該管法院及其檢察署之督導。

第 3 條　少年觀護所以協助調查依法收容少年之品性、經歷、身心狀
　　　　況、教育程度、家庭情形、社會環境及其他必要之事項，供處
　　　　理時之參考。

第 4 條　少年觀護所之組織及被收容少年之處理，依本通則之規定。
　　　　依少年事件處理法第七十一條收容之刑事被告，與依同法第
　　　　二十六條收容之少年，應予分界。
　　　　女性少年與男性少年，應分別收容。

第二章　組　織

第 5 條　少年觀護所分設鑑別、教導及總務三組；容額在三百人以上
　　　　者，並設醫務組。

第 6 條　鑑別組掌理事項如下：
　　　　一、少年之個案調查事項。
　　　　二、少年之心理測驗事項。
　　　　三、少年指紋、照相等事項。
　　　　四、少年處遇之建議事項。
　　　　五、少年社會環境之協助調查事項。
　　　　六、其他鑑別事項。

第 7 條　教導組掌理事項如下：
　　　　一、少年生活之指導事項。

　　　　　二、少年之教學事項。

　　　　　三、少年習藝之指導事項。

　　　　　四、少年之康樂活動事項。

　　　　　五、少年之同行護送及戒護事項。

　　　　　六、少年接見、發受書信及送入物品之處理事項。

　　　　　七、少年紀律之執行事項。

　　　　　八、少年之飲食、衣類、臥具用品之分給、保管事項。

　　　　　九、所內戒護勤務之分配及管理事項。

　　　　　十、其他教導事項。

第 8 條　醫務組掌理事項如下：

　　　　　一、全所衛生計畫設施事項。

　　　　　二、少年之健康檢查事項。

　　　　　三、傳染病之預防事項。

　　　　　四、少年疾病之醫治事項。

　　　　　五、病室之管理事項。

　　　　　六、藥品調劑、儲備及醫療器材之管理事項。

　　　　　七、藥物濫用之防治及輔導等事項。

　　　　　八、少年疾病、死亡之陳報及通知事項。

　　　　　九、其他醫務事項。

　　　　　未設醫務組者，前項業務由教導組兼辦。

第 9 條　總務組掌理事項如下：

　　　　　一、文件之收發、撰擬及保存事項。

　　　　　二、印信之典守事項。

　　　　　三、經費之出納事項。

　　　　　四、建築修繕事項。

　　　　　五、少年之入所、出所登記事項。

　　　　　六、名籍簿、身分簿之編製及管理事項。

　　　　　七、糧食之收支、保管、核算及造報事項。

八、其他不屬於各組之事項。

第 10 條　少年觀護所之類別及員額，依附表之規定。

各少年觀護所應適用之類別，由法務部視其容額擬訂，報請行政院核定之。

第 11 條　少年觀護所置所長一人，職務列薦任第九職等至簡任第十職等，承監督長官之命，綜理全所事務，並指揮監督所屬職員；置副所長一人，職務列薦任第八職等至第九職等，襄助所長處理全所事務。

第 12 條　少年觀護所置組長，職務列薦任第七職等至第八職等；專員、調查員、導師，職務均列薦任第六職等至第八職等；管理師，職務列薦任第七職等；組員、技士，職務均列委任第五職等或薦任第六職等至第七職等；主任管理員、操作員，職務均列委任第四職等至第五職等，其中二分之一職務得列薦任第六職等；管理員、辦事員，職務均列委任第三職等至第五職等；書記，職務列委任第一職等至第三職等。

醫務組組長，列師（二）級；醫師、藥師、醫事檢驗師、護理師均列師（三）級，藥劑生、醫事檢驗生、護士，均列士（生）級。

本通則修正施行前僱用之管理員、雇員，其未具公務人員任用資格者，得繼續僱用至其離職為止。

第 13 條　少年觀護所設女所者，置主任一人，職務列薦任第七職等至第八職等，管理女所事務。

女所之主任、主任管理員及管理員均以女性擔任。

第 14 條　少年觀護所所長、副所長、鑑別、教導組組長及女所主任，應就具有下列資格之一者遴任之：

一、經觀護人考試或觀護官考試及格者。

二、經少年調查官、少年保護官考試及格者。

三、經監獄官考試或犯罪防治人員特考及格者。

前項所稱人員，應遴選具有少年保護之學識、經驗及熱忱者充任之。

第 15 條　少年觀護所設人事室，置主任一人，職務列薦任第七職等至第八職等，依法辦理人事管理事項；所需工作人員應就本通則所定員額內派充之。

第 16 條　少年觀護所設會計室，置會計主任一人，職務列薦任第七職等至第八職等，依法辦理歲計、會計事項；所需工作人員應就本通則所定員額內派充之。

第 17 條　少年觀護所設統計室，置統計主任一人，職務列薦任第七職等至第八職等，依法辦理統計事項；所需工作人員應就本通則所定員額內派充之。

第 18 條　少年觀護所設政風室，置主任一人，職務列薦任第七職等至第八職等，依法辦理政風事項；事務較簡者，其政風業務由其上級機關之政風機構統籌辦理；所需工作人員應就本通則所定員額內派充之。

第 19 條　第十一條至第十三條、第十五條至第十八條所定列有官等職等人員，其所適用之職系，依公務人員任用法之規定，就有關職系選用之。

醫事人員依醫事人員人事條例規定進用之。

第三章　入所及出所

第 20 條　少年觀護所於少年入所時，應辦理下列事項：
一、查驗身分證及法官或檢察官簽署之文件。
二、製作調查表及身分單，並捺印指紋及照相。
三、檢查身體、衣物。女性少年之檢查由女管理員為之。
四、指定所房並編號。

第 21 條　少年觀護所非有該管法官或檢察官之通知，不得將被收容之少年釋放。

第 22 條　被收容之少年應釋放者，觀護所於接到釋放通知書之當日，即

予釋放。釋放前，應令其按捺指紋，並與調查表詳為對照。移送法院之少年，經法院法官或檢察官當庭將其釋放者，應即通知觀護所。

第 23 條　被收容之少年移送感化教育機構者，應附送調查表、身分單及觀護鑑別之紀錄。

第 24 條　被收容之少年在所死亡者，應即陳報該管法官、檢察官，並通知其家屬。

第四章　處遇及賞罰

第 25 條　被收容少年之飲食，由所供應，並注意其營養。衣被及日常必需品自備，其無力負擔或自備者，由所供應。

前項經諭知保護處分，並受裁定負擔全部或一部教養費用，已先由所供應飲食、衣被或日常必需品者，應依少年事件處理法第六十條之規定辦理。

第 26 條　被收容之少年禁用菸、酒。

第 27 條　被收容之少年得閱讀書報。但私有之書報，須經檢查。

第 28 條　被收容之少年得接見親友、發受書信。但少年觀護所所長認為有礙於案情之調查與被收容少年之利益者，得不許其接見。

被收容少年之書信，觀護所所長認為必要時，得檢閱之。

第 29 條　接見時間，自上午九時至下午五時止，每次不得逾三十分鐘。但經少年觀護所所長許可者，不在此限。

第 30 條　依少年事件處理法第三條第二款收容之在校少年，應通知其所肄業之學校，在觀護期內，學校應保留其學籍。

前項被收容之少年，經依同法第二十六條之二第一項撤銷收容裁定者，其原肄業之學校，應許其返校就讀。

第 31 條　少年觀護所得令被收容之少年，學習適當技藝，每日以二小時至四小時為限。

前項習藝所需之工具材料費用，由觀護所供給之，其習藝成品之盈餘，得充獎勵習藝少年之用。

第 32 條　被收容之少年，其在學校肄業者，得減少其學習技藝時間，督
　　　　　導進修學校所規定之課程。

第 33 條　被收容之少年罹患疾病，認為在所內不能適當之醫治者，得斟
　　　　　酌情形，報請該管法官或檢察官許可，保外醫治或移送病院。
　　　　　觀護所所長認為有緊急情形時，得先為前項處分，再行報核。

第 34 條　被收容之少年有下列各款行為之一時，應予獎賞：
　　　　　一、學習教育課程或技藝，成績優良者。
　　　　　二、行為善良，足為其他收容少年之表率者。

第 35 條　前條之獎賞方法如下：
　　　　　一、公開嘉獎。
　　　　　二、給與獎金、書籍或其他獎品。

第 36 條　被收容之少年有違背觀護所所規之行為時，得施以下列一款或
　　　　　數款之處罰：
　　　　　一、告誡。
　　　　　二、勞動服務一日至三日，每日以二小時為限。

第五章　附　則

第 37 條　本通則自公布日施行。

少年矯正學校設置及教育實施通則

民國99年5月19日總統令修正公布。

第一章　總　則

第 1 條　為使少年受刑人及感化教育受處分人經由學校教育矯正不良
　　　　　習性，促其改過自新，適應社會生活，依少年事件處理法第
　　　　　五十二條第二項及監獄行刑法第三條第四項規定，制定本通
　　　　　則。

第 2 條　少年矯正學校（以下簡稱矯正學校）之設置及矯正教育之實
　　　　　施，依本通則之規定；本通則未規定者，適用其他有關法律之
　　　　　規定。

第 3 條　本通則所稱矯正教育之實施，係指少年徒刑、拘役及感化教育
　　　　　處分之執行，應以學校教育方式實施之。
　　　　　未滿十二歲之人，受感化教育處分之執行，適用本通則之有關
　　　　　規定，並得視個案情節及矯正需要，交其他適當兒童教養處所
　　　　　及國民小學執行之。

第 4 條　矯正學校隸屬於法務部，有關教育實施事項，並受教育部督
　　　　　導。
　　　　　檢察官及地方法院少年法庭就有關刑罰、感化教育之執行事
　　　　　項，得隨時考核矯正學校。
　　　　　第一項督導辦法，由教育部會同法務部定之。前項考核辦法，
　　　　　由行政院會同司法院定之。

第 5 條　教育部應會同法務部設矯正教育指導委員會並遴聘學者專家參
　　　　　與，負責矯正學校之校長、教師遴薦，師資培育訓練，課程教
　　　　　材編撰、研究、選用及其他教育指導等事宜。
　　　　　前項委員會之設置辦法，由教育部會同法務部定之。

第 6 條　矯正學校分一般教學部及特別教學部實施矯正教育，除特別教
　　　　　學部依本通則規定外，一般教學部應依有關教育法令，辦理高

級中等教育及國民中、小學教育，兼受省（市）主管教育行政機關之督導。

矯正學校之學生（以下簡稱學生），除依本通則規定參與特別教學部者外，應參與一般教學部，接受教育。

第一項一般教學部學生之學籍，應報請省（市）主管教育行政機關備查。其為國民教育階段者，由學生戶籍所在地學校為之；其為高級中等教育階段者，由學生學籍所屬學校為之。

前項學生學籍管理辦法，由教育部定之。

第 7 條　學生對矯正學校所實施各項矯正教育措施，得陳述意見，矯正學校對於學生陳述之意見未予採納者，應以書面告知。

第 8 條　學生於其受不當侵害或不服矯正學校之懲罰或對其生活、管教之不當處置時，其本人或法定代理人得以言詞或書面向矯正學校申訴委員會申訴。

申訴委員會對前項申訴，除依監獄行刑法第七十八條、第七十九條或保安處分執行法第六十一條規定外，認有理由者，應予撤銷或變更原懲罰或處置；認無理由者，應予駁回。

學生對申訴委員會之決定仍有不服時，得向法務部再申訴。法務部得成立再申訴委員會處理。學生並不得因其申訴或再申訴行為，受更不利之懲罰或處置。

申訴委員會由校長、副校長、秘書、教務主任、訓導主任及輔導主任組成之，並邀請社會公正人士三至五人參與，以校長為主席；法務部成立之再申訴委員會，應邀請總人數三分之一以上之社會公正人士參與。

申訴、再申訴案件處理辦法，由法務部定之。

第 9 條　原懲罰或處置之執行，除有前條第二項之情形外，不因申訴或再申訴而停止。但再申訴提起後，法務部於必要時得命矯正學校停止其執行。

申訴、再申訴案件經審查為有理由者，除對受不當侵害者，應

予適當救濟外，對原懲罰或處置已執行完畢者，矯正學校得視情形依下列規定處理之：

一、消除或更正不利於該學生之紀錄。

二、以適當之方法回復其榮譽。

申訴、再申訴案件經審查為有理由者，對於違法之處置，應追究承辦人員之責任。

第二章　矯正學校之設置

第 10 條　法務部應分就執行刑罰者及感化教育處分者設置矯正學校。

前項學校之設置及管轄，由法務部定之。

第 11 條　矯正學校應以中學方式設置，必要時並得附設職業類科、國民小學部，其校名稱某某中學。

矯正學校得視需要會同職業訓練主管機關辦理職業訓練。

第 12 條　矯正學校設教務、訓導、輔導、總務四處、警衛隊及醫護室；各處事務較繁者，得分組辦事。

第 13 條　教務處掌理事項如下：

一、教育實施計畫之擬訂事項。

二、學生之註冊、編班、編級及課程之編排事項。

三、學生實習指導及健教合作事項。

四、學生技能訓練、技能檢定之規劃及執行事項。

五、學生課業及技訓成績之考核事項。

六、圖書管理及學生閱讀書刊之審核事項。

七、校內出版書刊之設計及編印事項。

八、教學設備、教具圖書資料供應及教學研究事項。

九、與輔導處配合辦理輔導業務事項。

十、其他有關教務事項。

第 14 條　訓導處掌理事項如下：

一、訓育實施計畫之擬訂事項。

二、學生生活、品德之指導及管教事項。

三、學生累進處遇之審查事項。

四、學生假釋、免除或停止執行之建議、陳報等事項。

五、學生紀律及獎懲事項。

六、學生體育訓練事項。

七、學生課外康樂活動事項。

八、與輔導處配合實施生活輔導事項。

九、其他有關訓導事項。

第 15 條　輔導處掌理事項如下：

一、輔導實施計畫之擬訂事項。

二、建立學生輔導資料事項。

三、學生個案資料之調查、蒐集及研究事項。

四、學生智力、性向與人格等各種心理測驗之實施及解析事
　　項。

五、學生個案資料之綜合研判與分析及鑑定事項。

六、實施輔導及諮商事項。

七、學生輔導成績之考核事項。

八、輔導性刊物之編印事項。

九、學生家庭訪問、親職教育、出校後之追蹤輔導及更生保護
　　等社會聯繫事項。

十、輔導工作績效報告、檢討及研究事項。

十一、其他有關學生輔導暨社會資源運用之規劃及執行事項。

第 16 條　總務處掌理事項如下：

一、文件收發、撰擬及保管事項。

二、印信典守事項。

三、學生指紋、照相、名籍簿、身分簿之編製及管理事項。

四、經費出納事項。

五、學生制服、書籍供應及給養事項。

六、房屋建築及修繕事項。

七、物品採購、分配及保管事項。

八、技訓器械、材料之購置及保管事項。

九、學生入校、出校之登記事項。

十、學生死亡及遺留物品處理事項。

十一、其他不屬於各處、隊、室之事項。

第 17 條　警衛隊掌理事項如下：

一、矯正學校之巡邏查察及安全防護事項。

二、學生戒護及校外護送事項。

三、天災事變、脫逃及其他緊急事故發生時之處置事項。

四、武器、戒具之保管及使用事項。

五、警衛勤務之分配及執行事項。

六、其他有關戒護事項。

第 18 條　醫護室掌理事項如下：

一、學校衛生計畫之擬訂及其設施與環境衛生清潔檢查指導事
項。

二、學生之健康檢查、疾病醫療、傳染病防治及健康諮詢事
項。

三、學生健康資料之管理事項。

四、學生心理衛生之指導及矯治事項。

五、藥品之調劑、儲備與醫療、檢驗器材之購置及管理事項。

六、病舍管理及看護訓練事項。

七、學生疾病與死亡之陳報及通知事項。

八、其他有關醫護事項。

第 19 條　矯正學校置校長一人，聘任，綜理校務，應就曾任高級中學校
長或具有高級中學校長任用資格，其具有關於少年矯正之學識
與經驗者遴任之。

校長之聘任，由法務部為之，並準用教育人員任用條例及其有
關之規定。

第 20 條　矯正學校置副校長一人，職務列薦任第九職等，襄理校務，應
　　　　　就具有下列資格之一者遴任之：
　　　　　一、曾任或現任矯正機構副首長或秘書，並具有少年矯正之學
　　　　　　　識與經驗，成績優良者。
　　　　　二、曾任中等學校主任三年以上，並具有公務人員任用資格，
　　　　　　　成績優良者。
　　　　　三、曾任司法行政工作薦任三年以上，並具有關於少年矯正之
　　　　　　　學識與經驗者。

第 21 條　矯正學校置教務主任、訓導主任、輔導主任各一人，分由教師
　　　　　及輔導教師中聘兼之。

第 22 條　矯正學校一般教學部及特別教學部置教師、輔導教師，每班二
　　　　　人，均依教師法及教育人員任用 條例之規定聘任。但法務部
　　　　　得視需要增訂輔導教師資格。
　　　　　每班置導師一人，由前項教師兼任之。
　　　　　矯正學校得視教學及其他特殊需要，聘請兼任之教師、軍訓教
　　　　　官、護理教師及職業訓練師。

第 23 條　教導員負責學生日常生活指導、管理及課業督導業務，並協助
　　　　　輔導教師從事教化考核、性行輔導及社會連繫等相關事宜。
　　　　　教導員應就具備下列資格之一者，優先遴任之：
　　　　　一、具有少年矯正教育專長者。
　　　　　二、具有社會工作專長或相當實務經驗者。

第 24 條　矯正學校置秘書一人，職務列薦任第八職等至第九職等；總務
　　　　　主任、隊長各一人，職務均列薦任第七職等至第九職等；教導
　　　　　員三十人至四十五人，職務列薦任第六職等至第八職等；組員
　　　　　七人至十三人、技士一人，職務均列委任第五職等或薦任第六
　　　　　職等至第七職等；主任管理員三人至五人，職務列委任第四職
　　　　　等至第五職等，其中二人，得列薦任第六職等；管理員二十一
　　　　　人至三十五人、辦事員四人至六人，職務均列委任第三職等至

第五職等；書記三人至五人，職務列委任第一職等至第三職
等。

醫護室置主任一人，職務列薦任第七職等至第九職等；醫師一
人，職務列薦任第六職等至第八職等；醫事檢驗師、藥師、護
理師各一人，職務均列委任第五職等或薦任第六職等至第七職
等；護士一人，職務列委任第三職等至第五職等。

第 25 條　依第十二條規定分組辦事者，各置組長一人，由教師或薦任人
員兼任，不另列等。但訓導處設有女生組者，其組長應由女性
教導員兼任。

第 26 條　矯正學校設人事室，置主任一人，職務列薦任第七職等至第九
職等；事務較簡者，置人事管理員，職務列委任第五職等至薦
任第七職等，依法辦理人事管理事項；其餘所需工作人員，就
本通則所定員額內派充之。

第 27 條　矯正學校設會計室，置會計主任一人，職務列薦任第七職等至
第九職等；事務較簡者，置會計員一人，職務列委任第五職等
至薦任第七職等，依法辦理歲計、會計及統計事項；其餘所需
工作人員，就本通則所定員額內派充之。

第 28 條　矯正學校設政風室，置主任一人，職務列薦任第七職等至第九
職等，依法辦理政風事項；其餘所需工作人員，就本通則所定
員額內派充之。事務較簡者，其政風業務由其上級機關之政風
機構統籌辦理。

第 29 條　聘任人員之權利義務及人事管理事項，均適用或準用教育人事
法令之規定辦理。

前項從事矯正教育者，應給予特別獎勵及加給；其獎勵及加給
辦法，由教育部會同法務部擬訂，報行政院核定。

第 30 條　第二十條、第二十四條、第二十六條至第二十八條所定列有官
等、職等人員，其職務所適用之職系，依公務人員任用法第八
條之規定，就有關職系選用之。

第 31 條　本通則施行前，少年輔育院原聘任之導師四十九人、訓導員三十人，其未具任用資格者，得占用第二十四條教導員之職缺，以原進用方式繼續留用至其離職或取得任用資格為止。

前項人員之留用，應先經法務部之專業訓練合格。訓練成績不合格者，其聘約於原聘任之輔育院完成矯正學校之設置前到期者，得續任至其聘約屆滿為止；其聘約於該矯正學校完成設置後到期者，得續任至該矯正學校完成設置為止。

前項之專業訓練，由法務部於本法公布後三年內分次辦理之，每人以參加一次為限；其專業訓練辦法，由法務部定之。

本通則施行前，原任少年輔育院之技師十二人、技術員九人，其未具任用資格者，得占用第二十四條技士、管理員、辦事員或書記之職缺，以原進用方式繼續留用至其離職或取得任用資格為止。

第一項及第四項人員於具有其他職務之任用資格者，應優先改派。

本通則施行前，原任少年輔育院之雇員九十六人，其未具公務人員任用資格者，得占用第二十四條管理員、書記之職缺，繼續其僱用至離職時為止。

第一項、第四項及前項人員之留用、改派，應依第八十三條矯正學校之分階段設置，分別處理。

第 32 條　矯正學校設校務會議，由校長、副校長、秘書、各處、室主管及全體專任教師、輔導教師或其代表及教導員代表組成之，以校長為主席，討論校務興革事宜。每學期至少開會一次，必要時得召開臨時會議。

第 33 條　矯正學校設學生處遇審查委員會，由校長、副校長、秘書、教務主任、訓導主任、輔導主任、總務主任、醫護室主任及四分之一導師代表組成之，以校長為主席。

關於學生之累進處遇、感化教育之免除或停止執行之聲請及其

他重大處遇事項，應經學生處遇審查委員會之決議；必要時，得請有關之教導員列席說明。但有急速處分之必要時，得先由校長行之，提報學生處遇審查委員會備查。

學生處遇審查委員會會議規則，由法務部定之。

第33條之1　矯正學校設假釋審查委員會，置委員七人至十一人，除校長、訓導主任、輔導主任為當然委員外，其餘委員由校長報請法務部核准後，延聘心理、教育、社會、法律、犯罪、監獄學等學者專家及其他社會公正人士擔任之。

關於學生之假釋事項，應經假釋審查委員會之決議，並報請法務部核准後，假釋出校。

第 34 條　矯正學校設教務會議，由教務主任、訓導主任、輔導主任及專任教師、輔導教師代表組成之，以教務主任為主席，討論教務上重要事項。

第 35 條　矯正學校設訓導會議，由訓導主任、教務主任、輔導主任、醫護室主任、全體導師、輔導教師及教導員代表組成之，以訓導主任為主席，討論訓導上重要事項。

第 36 條　矯正學校設輔導會議，由輔導主任、教務主任、訓導主任、醫護室主任、全體輔導教師、導師及教導員代表組成之，以輔導主任為主席，討論輔導上重要事項。

第三章　矯正教育之實施

第一節　入校出校

第 37 條　學生入校時，矯正學校應查驗其判決書或裁定書、執行指揮書或交付書、身分證明及其他應備文件。

執行徒刑者，指揮執行機關應將其犯罪原因、動機、性行、境遇、學歷、經歷、身心狀況及可供處遇參考之事項通知矯正學校；執行感化教育處分者，少年法庭應附送該少年與其家庭及事件有關之資料。

第 38 條　學生入校時，矯正學校應依規定個別製作其名籍調查表等基本

資料。

第 39 條　學生入校時，應行健康檢查；其有下列情形之一者，應令其暫緩入校，並敘明理由，請指揮執行機關或少年法庭斟酌情形送交其父母、監護人、醫院或轉送其他適當處所：

一、心神喪失。

二、現罹疾病，因執行而有喪生之虞。

三、罹法定傳染病、後天免疫缺乏症候群或其他經中央衛生主管機關指定之傳染病。

四、懷胎五月以上或分娩未滿二月。

五、身心障礙不能自理生活。

發現前項第三款情事時，應先為必要之處置。

第 40 條　學生入校時，應檢查其身體及衣物。女生之檢查，由女性教導員為之。

第 41 條　學生入校時，應告以應遵守之事項，並應將校內各主管人員姓名及接見、通訊等有關規定，告知其父母或監護人。

第 42 條　學生入校後，依下列規定編班：

一、學生入校後之執行期間，得以完成一學期以上學業者，應編入一般教學部就讀。

二、學生入校後之執行期間，無法完成一學期學業者，或具有相當於高級中等教育階段之學力者，編入特別教學部就讀。但學生願編入一般教學部就讀者，應儘量依其意願。

三、學生已完成國民中學教育，不願編入一般教學部就讀，或已完成高級中等教育者，編入特別教學部就讀。

未滿十五歲國民教育階段之學生，除有第三條第二項之情形外，應儘量編入一般教學部就讀。

第 43 條　學生入校後，應由輔導處根據各有關處、室提供之調查資料，作成個案分析報告。但對於一年內分期執行或多次執行而入校者，得以覆查報告代之。

前項個案分析報告，應依據心理學、教育學、社會學及醫學判斷。一般教學部者，應於一個月內完成；特別教學部者，應於十五日內完成後，提報學生處遇審查委員會決定分班、分級施教方法。

第 44 條　學生出校時，應於核准命令預定出校日期或期滿之翌日午前，辦畢出校手續離校。

第 45 條　學生出校後之就學、就業及保護等事項，應於出校六週前完成調查並預行籌劃。但對執行期間為四個月以內者，得於行第四十三條之調查時，一併為之。

　　　　矯正學校應於學生出校前，將其預定出校日期通知其父母、監護人或最近親屬；對應付保護管束者，並應通知觀護人。

　　　　矯正學校對於出校後就學之學生，應通知地方主管教育行政機關，並應將學生人別資料由主管教育行政機關納入輔導網路，優先推介輔導；主管教育行政機關對於學生之相關資料，應予保密。

　　　　矯正學校對於出校後就業之學生，應通知地方政府或公立就業服務機構協助安排技能訓練或適當就業機會。

　　　　矯正學校對於出校後未就學、就業之學生，應通知其戶籍地或所在地之地方政府予以適當協助或輔導。

　　　　矯正學校對於出校後因經濟困難、家庭變故或其他情形需要救助之學生，應通知更生保護會或社會福利機構協助；該等機構對於出校之學生請求協助時，應本於權責盡力協助。

　　　　第二項至第六項之通知，應於學生出校一個月前為之。矯正學校對於出校後之學生，應於一年內定期追蹤，必要時，得繼續連繫相關機關或機構協助。

第 46 條　矯正學校對於因假釋或停止感化教育執行而付保護管束之學生，應於其出校時，分別報知該管地方法院檢察署或少年法庭，並附送其在校之鑑別、學業及言行紀錄。

第 47 條　學生在校內死亡者，矯正學校應即通知其父母、監護人或最近
　　　　　親屬，並即報知檢察官相驗，聽候處理。

　　　　　前項情形如無法通知或經通知無人請領屍體者，應冰存屍體並
　　　　　公告三個月招領。屆期無人請領者，埋葬之。

　　　　　前二項情形，應專案報告法務部。

第 48 條　死亡學生遺留之金錢及物品，矯正學校應通知其父母或監護人
　　　　　具領；其無父母或監護人者，通知其最近親屬具領。無法通知
　　　　　者，應公告之。

　　　　　前項遺留物，經受通知人拋棄或經通知逾六個月或公告後逾一
　　　　　年無人具領者，如係金錢，其所有權歸屬國庫；如係物品，得
　　　　　於拍賣後將其所得歸屬國庫；無價值者毀棄之。

第 49 條　學生脫逃者，矯正學校除應分別情形報知檢察官偵查或少年法
　　　　　庭調查外，並應報告法務部。

　　　　　前項情形如有必要者，應函告主管教育行政機關。

第 50 條　脫逃學生遺留之金錢及物品，自脫逃之日起，經過一年尚未緝
　　　　　獲者，矯正學校應通知其父母或監護人具領；其無父母或監護
　　　　　人者，通知其最近親屬具領。無法通知者，應公告之。

　　　　　前項遺留物，經受通知人拋棄或經通知或公告後逾六個月無人
　　　　　具領者，依第四十八條第二項規定辦理。

第二節　教學實施

第 51 條　矯正學校之教學，應以人格輔導、品德教育及知識技能傳授為
　　　　　目標，並應強化輔導工作，以增進其社會適應能力。

　　　　　一般教學部應提供完成國民教育機會及因材適性之高級中等教
　　　　　育環境，提昇學生學習及溝通能力。

　　　　　特別教學部應以調整學生心性、適應社會環境為教學重心，並
　　　　　配合職業技能訓練，以增進學生生活能力。

第 52 條　矯正學校之一般教學部為一年兩學期；特別教學部為一年四
　　　　　期，每期以三個月為原則。

第 53 條　矯正學校每班學生人數不超過二十五人。但一班之人數過少，
　　　　　得行複式教學。

　　　　　男女學生應分別管理。但教學時得合班授課。

第 54 條　矯正學校應依矯正教育指導委員會就一般教學部及特別教學部
　　　　　之特性所指導、設計之課程及教材，實施教學，並對教學方法
　　　　　保持彈性，以適合學生需要。

　　　　　矯正學校就前項之實施教學效果，應定期檢討，並送請矯正教
　　　　　育指導委員會作調整之參考。

　　　　　一般教學部之課程，參照高級中學、高級職業學校、國民中
　　　　　學、國民小學課程標準辦理。職業訓練課程，參照職業訓練規
　　　　　範辦理。

　　　　　為增進學生重返社會之適應能力，得視學生需要，安排法治、
　　　　　倫理、人際關係、宗教與人生及生涯規劃等相關課程。

第 55 條　矯正學校對學生之輔導，應以個別或團體輔導之方式為之。一
　　　　　般教學部，每週不得少於二小時；特別教學部，每週不得少於
　　　　　十小時。

　　　　　前項個別輔導應以會談及個別諮商方式進行；團體輔導應以透
　　　　　過集會、班會、聯誼活動、社團活動及團體諮商等方式進行。

　　　　　輔導處為實施輔導，應定期召開會議，研討教案之編排、實施
　　　　　並進行專案督導。

第 56 條　矯正學校應儘量運用社會資源，舉辦各類教化活動，以增進學
　　　　　生學習機會，提昇輔導功能。

第 57 條　矯正學校得視實際需要，辦理校外教學活動；其辦法由法務部
　　　　　會同教育部定之。

第 58 條　矯正學校之一般教學部得依實際需要辦理國中技藝教育班、實
　　　　　用技能班及特殊教育班等班級。

　　　　　一般教學部之學生，於寒暑假期間，得依其意願參與特別教學
　　　　　部；必要時並得命其參與。

第 59 條　矯正學校各級教育階段學生之入學年齡，依下列規定：
　　　　　一、國民教育階段：六歲以上十五歲未滿。
　　　　　二、高級中學、高級職業教育階段：十五歲以上十八歲未滿。
　　　　　前項入學年齡得針對個別學生身心發展狀況或學習、矯正需
　　　　　要，予以提高或降低。
　　　　　前項入學年齡之提高或降低，應由矯正學校報請省（市）主管
　　　　　教育行政機關備查。

第 60 條　矯正學校對於入校前曾因特殊情形遲延入學或休學之學生，應
　　　　　鑑定其應編入之適當年級，向主管教育行政機關申請入學或復
　　　　　學，並以個別或特別班方式實施補救教學。
　　　　　原主管教育行政機關或原就讀學校於矯正學校索取學生學歷證
　　　　　明或成績證明文件時，應即配合提供。

第 61 條　矯正學校對於學生於各級教育階段之修業年限，認為有延長之
　　　　　必要者，得報請主管教育行政機關核定之。但每級之延長，不
　　　　　得超過二年或其執行期限。

第 62 條　學生於完成各級教育階段後，其贍餘在校時間尚得進入高一級
　　　　　教育階段者，逕行編入就讀。
　　　　　矯正學校對於下列學生得輔導其轉讀職業類科、特別教學部或
　　　　　其他適當班級就讀：
　　　　　一、已完成國民義務教育，不適於或不願接受高級中學教育
　　　　　　　者。
　　　　　二、已完成高級中等教育者。

第 63 條　學生於各級教育階段修業期滿或修畢應修課程，成績及格者，
　　　　　國民教育階段，由學生戶籍所在地學校發給畢業證書；高級中
　　　　　等教育階段，由學生學籍所屬學校發給畢業證書，併同原校畢
　　　　　（結）業生冊報畢（結）業資格，送請各該主管教育行政機關
　　　　　備查。

第 64 條　矯正學校得依學生之興趣及需要，於正常教學課程外，辦理課

業或技藝輔導。

第 65 條　學生符合出校條件而未完成該教育階段者，學生學籍所屬學校應許其繼續就讀；其符合出校條件時係於學期或學年終了前者，矯正學校亦得提供食、宿、書籍許其以住校方式繼續就讀至學期或學年終了為止或安排其轉至中途學校寄讀至畢業為止。

第 66 條　前條學生欲至學籍所屬以外之學校繼續就讀者，得於其出校前，請求矯正學校代向其學籍所屬之學校申請轉學證明書。

學生之轉學相關事宜，各該主管教育行政機關應於其權責範圍內協助辦理。

第 67 條　矯正學校畢（肄）業學生，依其志願，報考或經轉學編級試驗及格進入其他各級學校者，各該學校不得以過去犯行為由拒其報考、入學。

前項學生之報考、入學事宜，各該主管教育行政機關應於其權責範圍內協助辦理。

第 68 條　第五十九條至第六十一條、第六十二條第一項、第六十三條及第六十五條至第六十七條規定，於特別教學部學生不適用之。

第三節　生活管教

第 69 條　學生之生活及管教，應以輔導、教化方式為之，以養成良好生活習慣，增進生活適應能力。

學生生活守則之訂定或修正，得由累進處遇至第二級（等）以上之學生推派代表參與；各班級並得依該守則之規定訂定班級生活公約。

第 70 條　學生之住宿管理，以班級為範圍，分類群居為原則；對於未滿十二歲學生之住宿管理，以採家庭方式為原則。

執行拘役之學生，應與執行徒刑之學生分別住宿。

十二歲以上之學生，有違反團體生活紀律之情事而情形嚴重者，得使獨居；其獨居期間，每次不得逾五日。

第 71 條　學生禁用菸、酒及檳榔。

第 72 條　矯正學校對於送入予學生或學生持有之書刊，經檢查後，認無
妨害矯正教育之實施或學生之學習者，得許閱讀。

第 73 條　學生得接見親友。但有妨害矯正教育之實施或學生之學習者，
得禁止或限制之；學生接見規則，由法務部定之。

學生得發、受書信，矯正學校並得檢閱之，如認有前項但書情
形，學生發信者，得述明理由並經其同意刪除後再行發出；學
生受信者，得述明理由並經其同意刪除再交學生收受；學生不
同意刪除者，得禁止其發、放該書信。

第 74 條　對於執行徒刑、拘役或感化教育處分六個月以上之學生，為促
其改悔向上，適於社會生活，應將其劃分等級，以累進方法處
遇之。

學生之累進處遇，應分輔導、操行及學習三項進行考核，其考
核人員及分數核給辦法，由法務部另定之。

第一項之處遇，除依前項規定辦理外，受徒刑、拘役之執行
者，依監獄行刑法、行刑累進處遇條例及其相關規定辦理；受
感化教育之執行者，依保安處分執行法及其相關規定辦理。

第 75 條　矯正學校對於罹患疾病之學生，認為在校內不能為適當之醫治
者，得斟酌情形，報請法務部許可戒送醫院或保外醫治。但有
緊急情形時，得先行處理，並即報請法務部核示。

前項情形，戒送醫院就醫者，其期間計入執行期間；保外就醫
者，其期間不計入執行期間。

為第一項處理時，應通知學生之父母、監護人或最近親屬。

第 76 條　前條所定患病之學生，請求自費延醫至校內診治者，應予許
可。

第四節　獎　懲

第 77 條　學生有下列各款行為之一時，予以獎勵：

一、行為善良，足為其他學生之表率者。

二、學習成績優良者。

三、有特殊貢獻，足以增進榮譽者。

四、有具體之事實，足認其已有顯著改善者。

五、有其他足資獎勵之事由者。

第 78 條　前條獎勵方法如下：

一、公開嘉獎。

二、發給獎狀或獎章。

三、增給累進處遇成績分數。

四、給與書籍或其他獎品。

五、給與適當數額之獎學金。

六、其他適當之獎勵。

第 79 條　執行徒刑、拘役之學生，有違背紀律之行為時，得施以下列一款或數款之懲罰：

一、告誡。

二、勞動服務一日至五日，每日以二小時為限。

三、停止戶外活動一日至三日。

執行感化教育之學生，有前項之行為時，得施以下列一款或二款之懲罰：

一、告誡。

二、勞動服務一日至五日，每日以二小時為限。

前二項情形，輔導教師應立即對受懲罰之學生進行個別輔導。

第 80 條　學生受獎懲時，矯正學校應即通知其父母、監護人或最近親屬。

第四章　附　則

第 81 條　學生之教養相關費用，由法務部編列預算支應之。

第 82 條　矯正學校應視需要，定期舉辦親職教育或親子交流活動，導正親職觀念，強化學生與家庭溝通。

第 83 條　本通則施行後，法務部得於六年內就現有之少年輔育院、少年

　　　　　監獄分階段完成矯正學校之設置。

第 84 條　本通則施行後，原就讀少年監獄、少年輔育院補習學校分校者
　　　　　或就讀一般監獄附設補習學校之未滿二十三歲少年受刑人應配
　　　　　合矯正學校之分階段設置，將其原學籍轉入依第六條第三項所
　　　　　定之學籍所屬學校，並由矯正學校鑑定編入適當年級繼續就
　　　　　讀。

第 85 條　少年輔育院條例於法務部依本通則規定就少年輔育院完成矯正
　　　　　學校之設置後，不再適用。

第 86 條　本通則施行日期，由行政院以命令定之。

國家圖書館出版品預行編目資料

少年事件處理法／林俊寬著. -- 三版. --
臺北市：五南圖書出版股份有限公司，
2022.01
　　面；　公分
　　ISBN 978-626-317-436-8（平裝）

1.少年事件處理法

585.78　　　　　　　　　110020390

1T56

少年事件處理法

作　　　者 — 林俊寬（120.4）

發 行 人 — 楊榮川

總 經 理 — 楊士清

總 編 輯 — 楊秀麗

副總編輯 — 劉靜芬

責任編輯 — 呂伊真、李孝怡

封面設計 — 姚孝慈、斐類設計工作室

出 版 者 — 五南圖書出版股份有限公司

地　　　址：106台北市大安區和平東路二段339號4樓

電　　　話：(02)2705-5066　　傳　　真：(02)2706-6100

網　　　址：https://www.wunan.com.tw

電子郵件：wunan@wunan.com.tw

劃撥帳號：01068953

戶　　　名：五南圖書出版股份有限公司

法律顧問　林勝安律師事務所　林勝安律師

出版日期　2009年 2 月初版一刷
　　　　　2013年10月二版一刷
　　　　　2022年 1 月三版一刷

定　　　價　新臺幣350元

經典永恆・名著常在

五十週年的獻禮——經典名著文庫

五南，五十年了，半個世紀，人生旅程的一大半，走過來了。

思索著，邁向百年的未來歷程，能為知識界、文化學術界作些什麼？

在速食文化的生態下，有什麼值得讓人雋永品味的？

歷代經典・當今名著，經過時間的洗禮，千錘百鍊，流傳至今，光芒耀人；

不僅使我們能領悟前人的智慧，同時也增深加廣我們思考的深度與視野。

我們決心投入巨資，有計畫的系統梳選，成立「經典名著文庫」，

希望收入古今中外思想性的、充滿睿智與獨見的經典、名著。

這是一項理想性的、永續性的巨大出版工程。

不在意讀者的眾寡，只考慮它的學術價值，力求完整展現先哲思想的軌跡；

為知識界開啟一片智慧之窗，營造一座百花綻放的世界文明公園，

任君遨遊、取菁吸蜜、嘉惠學子！